世界の豆料理

中東、アフリカ、米大陸、ヨーロッパ、アジアの郷土色あふれる120のレシピ

120 beans recipes of the world

LEBANON, TURKY, IRAN, EGYPT, MOROCCO, SENEGAL, NIGERIA, TANZANIA, CONGO,
MEXICO, PERU, BRAZIL, U.S.A, SPAIN, PORTUGAL, ITALY, FRANCE,
HUNGARY, INDIA, MYANMAR, CHINA

誠文堂新光社

はじめに

豆は、人類が穀物に次いで古くから栽培してきた食用作物といわれます。
小さな粒の中には、たんぱく質をはじめ人に必要な栄養素がぎゅっと詰まっています。
豆はやせた土地でも育つだけでなく、根粒菌の働きで土壌を豊かにします。
人間だけでなく農作や環境にとっても欠かせない植物なのです。

昔から世界中で食べられてきただけに、豆を使った郷土料理は世界各地にあります。
各国料理のシェフのみなさんにご協力いただき、そうした料理を1冊の本にまとめました。
郷土料理・伝統料理が中心ですが、シェフが創意を加えた料理も含まれています。
一部入手しづらい材料もありますが、現地に近い味を知っていただくことを優先しました。
中には私たちが考えつかないような調理法もあり、豆の新たな魅力を気付かせてくれます。

豆の利点の一つが、長期保存でき、持ち運びが容易なことです。
有り難いことに、今は家にいながらにして世界各国の多様な豆を手にすることができます。
本書を手に世界の豆料理を作っていただければ幸いです。

PERU

ペルーの最高峰、ワスカランの麓のユンガイの町の上にある湖近くの豆のセビーチェの屋台。©Takahiro Arai

BRAZIL

バイーア州アカラジェ売りの女性の日のミサで「アカラジェ(黒目豆のフリット)」を神に捧げる様子。
© by Fotos GOVBA

INDIA

上:豆の袋に埋もれるように座る店主。
下:ウラド豆の皮付き、半割り、皮むきの3態。
©Hitomi Kaneko

MYANMAR

左:早朝の市場のふかしえんどう売り。
右:露店の色とりどりの豆。
©Maki Itasaka

豆の発祥と伝播の歴史

豆の発祥を大別すると、レンズ豆、えんどう、そら豆、ひよこ豆は中東、いんげん豆は新大陸、ささげは東アフリカ、緑豆はインド、大豆は中国ということができます。コロンブスの新大陸発見に伴い、16世紀初頭にじゃがいも、トマト、とうがらしなど今日の食卓に欠かせない多くの食物が、新大陸から旧大陸へ渡り、世界中に伝播しました。いんげん豆もその一つで、現在、世界で最も食べられている豆です。

●レンズ豆

原産地は中東で栽培品種としては最古の豆と考えられています。新石器時代（紀元前8500～7000年）にはヨーロッパ各地に伝わり、古代ギリシャや古代エジプトをはじめ地中海沿岸の国々では重要な食糧として利用されてきました。紀元前2000年頃にはインドへ伝わり、さらに中国にも伝わりました。

●えんどう

その起源には諸説あり、紀元前7～6世紀に中東で栽培化されたとする説が有力です。新石器時代の中東やスイス、フランスの遺跡やエジプトのツタンカーメン王の墓（紀元前1300年代）からも種子が見つかっています。中東からエジプト、トルコ、古代ギリシャへと伝わり、やがてヨーロッパの全域へ広がっていったと考えられています。中国へは5世紀に伝わりました。

●そら豆

原産地は中東か北アフリカで、新石器時代後期にはすでに地中海両岸で栽培されていたと考えられています。紀元前5000年頃のスイスの遺跡から種子が発見されており、青銅器時代（紀元前2300～1900年）には北ヨーロッパに伝播したと見られています。中国では、前漢時代、張騫が西域への遠征から持ち帰った食材の中にそら豆があったといわれています。ヨーロッパからアメリカ大陸への伝播は19世紀末になってからです。

●ひよこ豆

紀元前5000年頃のトルコの遺跡から発掘され、原産地は中東と考えられています。エジプトでは紀元前1600～1100年のパピルスに記述が見られ、古代ギリシャや古代ローマでも広く食されていました。インドには紀元前800年からあったとする説と紀元前400～100年頃に伝わったとする説があります。高温多湿な気候を嫌うため、東南アジア、中国、日本では普及しませんでした。

●いんげん豆

紀元前4000年頃のメキシコの洞窟から発見されており、紀元前5000～4500年頃にメキシコ周辺で発祥し、南北アメリカ大陸に広がったと考えられます。コロンブスによる新大陸発見に伴い、16世紀初頭にはスペイン人によってヨーロッパ、さらに中東へと伝播し、世界中に普及しました。中国には16世紀末に伝えられました。

ヴァチカン、サンピエトロ広場にそびえるオベリスク。紀元37年、オベリスクがローマのカリグラ帝の命によりエジプトから船で運ばれてきた際、梱包材として使われたのがレンズ豆だった。20万樽もの量だったといわれ、古代エジプトでさかんにレンズ豆が栽培され、ローマへ輸出されていたことを物語っている。© by Wknight94

古代ローマ時代の料理のレシピを集めた書籍『アピシウス』には、マッシュ、ポリッジ、スープ、グルーエル、仔豚の豆詰めなど、さまざまな豆料理が紹介されている。写真は『アピシウス』De opsoniis et condimentis（アムステルダム: J. Waesbergios）, 1709年。マーチン・リスターが個人的に出版した『アピシウス』の第2版の口絵。

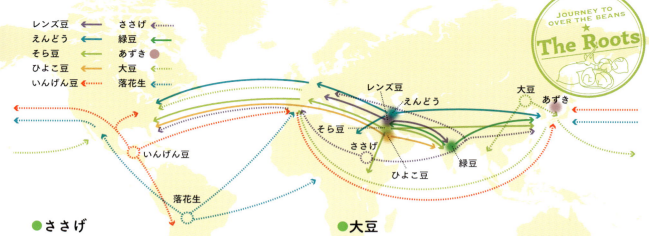

レンズ豆	ささげ		
えんどう	緑豆		
そら豆	あずき		
ひよこ豆	大豆		
いんげん豆	落花生		

●ささげ

原産地は東アフリカ。古代に海路でインドに伝わり、インドから中東、地中海沿岸、東南アジア、中国などに伝わっていったと考えられています。16世紀にスペイン人が西インド諸島に持ち込み、その後、アメリカ南部へ広がったといわれています。

●緑豆

インド原産で、紀元前1500年頃には既にインドの広い地域で栽培されていました。その後、中国や東南アジアに広まりました。

●あずき

東北アジア地域が原産地と考えられ、中国では2000年前から栽培されてきました。日本では重用されていますが、東アジア以外の地域ではあまり食べられていません。

●大豆

原産地は中国で、紀元前3000年頃には既に中国の広い地域で栽培されていました。日本には縄文時代の終わり頃、東南アジアには17世紀以降、インドには18世紀末〜19世紀初めに伝播しました。ヨーロッパには18世紀に日本や中国から、北米には19世紀にヨーロッパや日本、中国から、南米には19世紀にヨーロッパから伝えられたと考えられています。大豆はゆでただけでは特有の匂いが残り、消化も良くないことから、主に発酵食品の原料として利用され、東アジア地域以外には広がりませんでした。20世紀になると、製油用や飼料用としての需要が高まり、アメリカ、カナダ、ブラジル、オーストラリアなどでも生産されるようになりました。

●落花生

原産地は南米のアンデス山中。土の中で結実することから、アマゾン川やラプラタ川の氾濫で種子が流され、中南米に広まったと考えられています。メキシコには紀元前に伝わっています。16世紀にはブラジルとアフリカを行き来する奴隷船により西アフリカへ伝えられました。また、同じ時期にスペイン人によってヨーロッパへ広がり、東南アジアにも伝わり、18世紀には中国、インドにまで伝播しました。アメリカには18世紀に黒人奴隷とともに持ち込まれました。

アンニーバ・カラッチ作「豆を食べる人」（1583-1584年頃／57×68cm／フレスコ／コロンナ美術館〔ローマ〕）。16世紀後半当時のイタリアの庶民の食事の内容がよく分かる。貧しい農民の食卓には栄養価の高い豆は欠かせないものだった。男が食べている豆は、黒目豆のように見える。

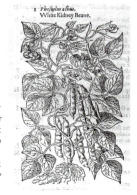

イギリスの植物学者ジョン・ジェラードが1597年に著した『The Herbal or General history of Plants.（本草書または植物の話）』の中のキドニービーンの木版画。本書には、従来からヨーロッパにあったレンズ豆やひよこ豆などに並んで新大陸起源のキドニービーンやルピナスが詳しく紹介されている。

日本で流通している主な豆の分類

豆は、種子植物の中ではキク科やイネ科に次ぐ大きな科で、世界には650属、1万8000種もの豆があるといわれます。ここでは日本で流通している主要な豆の分類図を示し、その種類を紹介します。

●豆の分類図

科	属	種
マメ科 Fabaceae	ササゲ属 Vigna	アズキ (V. angularis) ササゲ (V. unguiculata) リョクトウ (V. radiata) ケツルアズキ (V. mungo)
	ダイズ属 Glycine	ダイズ (G. max)
	インゲンマメ属 Phaseolus	インゲンマメ (P. vulgaris) ベニバナインゲン (P. coccineus)
	ソラマメ属 Vicia	ソラマメ (Vicia faba)
	エンドウ属 Pisum	エンドウ (P. sativum)
	ヒラマメ属 Lens	ヒラマメ (L. culinaris)
	ヒヨコマメ属 Cicer	ヒヨコマメ (C. arietinum)
	ラッカセイ属 Arachis	ラッカセイ (A. hypogaea)

ササゲ属のあずきのさや

ササゲ属のささげのさや

ササゲ属の緑豆のさや

ササゲ属のブラックマッペ(ケツルアズキ種)のさや

ダイズ属の黄大豆(フクユタカ)のさや

インゲンマメ属のアリコ・タルベのさや

ベニバナインゲン属の紫花豆のさや

ソラマメ属の一寸そらまめのさや

エンドウ属の青えんどう(マローファット)のさや

ヒラマメ属のレンズ豆(ブラウン)のさや

ヒヨコマメ属のひよこ豆のさや

落花生がナッツではなく豆である理由

栗やアーモンドなどのナッツ類が木の実なのに対し、落花生は地中で実を結ぶ、珍しい結実の仕方をするマメ科の植物です。落花生の名前は「花が落ちて実が生まれる」ことに由来しています。

地中で成長する落花生。© by H. Zell

日本で流通している主な豆の種類

あずき

日本では欠かせない豆だが、他国ではあまり利用されない。漢語表記は「小豆」。

あずきの花

あずき
「エリモショウズ」が代表的な銘柄。ほとんどが餡や菓子の原材料となる。

大納言
大粒（5.5mm以上）で煮くずれしにくいため粒の形を残す用途に使われる。

白あずき
生産量が少なく高級白餡の原料として使われる（通常の白餡の原料はいんげん豆）。

ささげ

姿・形はあずきによく似ているが、全く違う豆。日本では主に赤飯に使われる。

ささげの花

赤ささげ
一般的に「ささげ」といえばこれを指す。主に赤飯に使われる他、甘納豆にも使われる。

黒ささげ
秋田県の「てんこ小豆」や沖縄県の「黒小豆（写真）」などの品種がある。

白ささげ（黒目豆）
欧米でささげといえばこれ。ブラックアイド・ピー（ビーンズ）と呼ばれる。

緑豆

中国、インド、東南アジア、アフリカなどで生産。日本はもやしの原料に利用。

緑豆の花

緑豆
インド、東南アジアなどでは粒のままや皮なし・半割りで、中国では春雨や餡の材料として利用。

ケツルアズキ（ブラックマッペ）

インド、東南アジア、中国南部などで生産。日本ではもやしの原料として利用。

ケツルアズキの花

ケツルアズキ（ブラックマッペ）
インド周辺国では皮なし・半割りにして白色となったウラドダールが、さまざまな料理に利用される。

大豆

未成熟子実は枝豆。日本では約3割が食品用に、世界的には大半が油糧、飼料用。

黄大豆（フクユタカ）の花

黄大豆
「白大豆」とも呼ばれる。主な品種に「ユキホマレ」「リュウホウ」「タチナガハ」「エンレイ」「フクユタカ（写真）」など。

青大豆
「青豆」とも呼ばれる。写真は「青畑豆」。煮豆、惣菜、きな粉などに加工されたり、ひたし豆などにして食べられる。

黒大豆
「黒豆」とも呼ばれる。大粒の「中生光黒」、超大粒の「いわいくろ」、さらに大粒の「丹波黒（写真）」などがある。

いんげん豆

世界中で最もよく食べられ、多くの品種・銘柄がある。種皮の色の多様性に特徴。

手亡の花

〔白色系〕

手亡

種皮色が白色、楕円形で小粒の品種群の総称。日本の手亡類は主に白餡の原料となる。

大福豆

白色、扁平な腎臓形で超大粒な品種群の総称。甘納豆や豆きんとんなどに使われる。

カンネリーニ

イタリアで最もポピュラーな豆。広く使われ、「アルビア」や「ファゾリア」とも呼ばれる。

〔着色系／単色種〕

アリコタルベ

フランス・タルブ産の白いんげん豆。政府公認の高品質認証「ラベル・ルージュ」を受けて生産される高級食材。

金時豆

種皮が赤紫色で長楕円形の中〜大粒のいんげん豆の総称。日本の代表的な銘柄で煮豆に適する。

ダークレッドキドニー

レッドキドニーともいう。アメリカやカリブ諸国、インド周辺で使われ、水煮缶でもおなじみ。

ブラックタートル

ブラック、ブラックビーン、フェジョン・プレットとも呼ばれる。ブラジルの国民食フェジョアーダに使われる。

〔着色系／普斑種・偏斑種〕

うずら豆

うずらの卵に似た模様が名前の由来。中粒のいんげん豆の品種群。主に煮豆や甘納豆に用いられる。

虎豆

模様の入り具合が虎に似ているのが名前の由来。大型のいんげん豆の品種群。柔らかくて煮やすく煮豆に最適。

クランベリー

コロンビアで育成後、各国で改良された。イタリアの「ボルロッティ」もその一つ。うずら豆の代替にもされる。

カリオカ

ブラジルで1969年に開発され、ブラジルのいんげん豆の8割以上を占める。種皮が薄く煮込み向き。

べにばないんげん（花豆）

メキシコ原産。ヨーロッパ、米大陸、アジアなどで栽培。一般に花豆と呼ばれる。

紫花豆の花

白花豆

豆粒全体が白色の豆の総称。具体的な品種に「大白花」「白花っ娘」など。日本では主に煮豆や甘納豆の原料となる。

紫花豆

紫色の地に黒色の斑紋があるものの総称。具体的な品種に「紫花豆」「紅秋麗」など。主に煮豆や甘納豆に利用。

ひよこ豆

食感が栗に似ていることから「くりまめ」とも「ガルバンソ（西語）」とも呼ばれる。

ひよこ豆（カブリ）の花

そら豆

日本では未成熟豆での利用が多い。中国では豆板醤の材料として欠かせない豆。

一寸そらまめの花

大粒種（長径3cm前後）

「一寸そらまめ」などと呼ばれる。ポルトガル、ボリビア、オーストラリアから輸入され、主にお多福豆に利用。

中粒種（長径2cm前後）

中国から輸入される「張家口蚕豆」「寧波蚕豆」「青海蚕豆」など。豆菓子や餡の副原料として使われる。

小粒種（長径1cm程度）

海外では飼料に使われる。イギリス、オーストラリアなどから若干量が輸入され、豆菓子の原材料となる。

えんどう

15世紀に未成熟子実のグリーンピースが現れる前は広く乾燥豆が食べられていた。

マローファットの花

青えんどう

国産は希少で「マローファット（写真）」や「グリーン」などの銘柄を輸入。日本では主にうぐいす餡の原料となる。

赤えんどう

国産では「北海赤花（写真）」などの銘柄があり、みつ豆や豆大福に欠かせない。海外では主に飼料用に栽培される。

白えんどう

海外では青えんどうと同様に使われるが、日本では餡の副原料として「トラッパー（写真）」などを輸入。

レンズ豆

正式な和名は「ヒラマメ」。西欧や中東では古くからスープなどに使われてきた。

レンズ豆（ブラウン）の花

大粒種皮付き

代表的な銘柄「ブラウン（写真）」。サラダ、付け合わせ、肉との煮込み料理などに使われる。

大粒種皮むき

代表的な銘柄「レッド（写真）」。子葉のオレンジ色を生かすため皮むき加工される。煮くずれしやすいのでスープに向く。

小粒種

代表的な銘柄にフランスのオーヴェルニュ地方・ピュイ地域特産の「ル・ピュイ（写真）」がある。

大粒種（直径1〜1.3cm）

インドではカブリ（kabuli）と呼ばれる。地中海沿岸諸国、中東、北米などで栽培されている。

小粒種（直径0.6〜1cm）

インドではデシ（desi）と呼ばれる。インドや南西アジアでは小粒種が好まれ、皮なし・半割りや粉に加工される。

落花生

脂質が多く大豆と同様に、国際的には豆類ではなく油糧作物として分類される。

落花生（バージニア型）の花

落花生

落花生の品種は粒4タイプに分類される。日本の主要品種は大粒で食味のよい「バージニア型（写真）」。

●本書のレシピについて

- 本書では、乾燥豆（完熟子実）を使った料理を紹介しています。野菜に分類される乾燥前の未熟な状態の豆は、取り上げていません。
- 材料が何人分か何皿分というのは、あくまで目安となります。
- 乾燥豆をゆでたときの重量変化率は、「五訂増補日本食品標準成分表」を参考に、あずき・ささげ・いんげん豆・大豆は230％、えんどう・ひよこ豆は220％、花豆は260％で計算しています。変化率は豆の状態によって異なってくるので、目安として考えてください。

乾燥豆の戻し方・ゆで方の基本

多くの豆料理に共通する豆の戻し方とゆで方を紹介します。
※料理によってはゆで方が異なるので、その国のレシピに従ってゆでてください。

●豆の戻し方

1. まず豆を洗う。豆はさっと洗って水に浸す。このとき、浮いた豆は取り除く。
2. 豆を、豆の4～5倍の水とともにボウルなどに入れて吸水させる（これを「戻す」という）。
   戻すのは、豆をむらなくゆでるため。十分に吸水した豆は、ゆでた時に熱が粒全体に伝わりやすいため煮えむらがなく、早くゆで上がる。
   豆を戻すのに必要な時間は、豆の種類、保存期間（新豆は早く戻る）、水温等によって変わってくるが、一般的には6～8時間程度のため、「一晩水に浸けて戻す」と表現される。十分に戻った豆は、種皮にしわがなくふっくらと膨らみ、重量、容積とも乾燥時の2倍強になる。

※小豆、ささげ、レンズ豆は戻す必要はない。
※急いで戻したい場合は、熱湯を使うと、浸水時間を2時間程度に短縮できる。

●豆のゆで方

1. 戻した豆を厚手で深めの鍋に浸し水ごと入れ、強火にかける。
   沸騰したら、豆をざるにあけてゆで汁を捨て、新しい水と入れ替える（これを「ゆでこぼす」という）。

※西洋料理では、下ゆでの時点でスパイスや香味野菜とともにゆでることがある。この場合は、浸し水を捨て、新しい水に替えてからゆで始めるため、ゆでこぼしはしない。

2. 強火で加熱し、再び煮立ったら弱火にする。
3. 途中、豆が表面から出ないように適宜水を足す。
4. 豆を指先で軽くつまんでつぶれる程度になったらゆで上がり（豆を2つに割って芯がなければゆで上がり）。

●ゆで時間の目安

レンズ豆	緑豆	あずき・ささげ	手亡・金時豆	青えんどう	虎豆・うずら豆	白花豆	大福豆	ひよこ豆
10分	20～30分	30～40分	40～50分	50分	60分	60～70分	70分	90分

●下ゆでした豆の保存方法

- ゆで上がった豆の粗熱を取ったらフリーザーパックやプラスチック製の密閉容器などに小分けし、冷凍室で保存する。
- スープ用などはゆで汁ごと冷凍、炒め物用などであれば豆だけ冷凍するとよい。
- 冷凍した豆は、1カ月で使い切るのが目安。
- 使うときは電子レンジで解凍する（豆を煮込む料理の場合は、半解凍または冷凍のままでよい）。

目次

豆の発祥と伝播の歴史　6
日本で流通している主な豆の分類　8
日本で流通している主な豆の種類　9
本書のレシピについて／乾燥豆の戻し方・ゆで方の基本　12

Part1 中東

レバノン 20
サラタ・フール・ビザイト・ザイトーン／そら豆のオリーブ油仕立て　21
ホンモス／ひよこ豆のペースト　22
ファスーリア・ビル・ラフメ／いんげん豆と羊肉の煮込み　24

中東伝統の豆料理ホンモス＆ファラフェル　26
ファラフェル in TOKYO　27

トルコ 28
メルジメッキ・チョルバス／レンズ豆のスープ　29
バルブンヤ・ピラキ／いんげん豆と野菜のサラダ風煮込み　30
メルジメッキ・キョフテ／レンズ豆の団子　31
タブクル・ノフト／ひよこ豆と鶏肉の煮込み　32

イラン 34
ゴルメサブジ／赤いんげん豆と羊肉のハーブシチュー　35
シャーミー・ラッペ／チャナダールのコロッケ　36
アッシュ・マッシュ／緑豆のぞうすい　38
アダスポロ／レンズ豆ごはん　39
アーブグーシュト／ひよこ豆と羊肉のスープ　40
アッシュ・レシテ／豆と野菜の煮込みうどん　42

Part2 アフリカ

エジプト 44
ショルバ・アダス／レンズ豆のスープ 45
フル・ミダムス／そら豆の煮込み 46
ターメイヤ／そら豆のコロッケ 47
クシャリ／レンズ豆とひよこ豆とごはんとパスタの炒め合わせ 48

モロッコ 50
シャラダ・ディアル・ホンモス／ひよこ豆のサラダ 51
ハリラ／レンズ豆とひよこ豆のトマト味のスープ 52
アディス・マア・ケフタ／レンズ豆とミートボールの煮込み 53
ルビア・マア・メルゲーズ／白いんげん豆と羊肉のソーセージの煮込み 54
ホンモス・マア・ジャージ／ひよこ豆と手羽中の煮込み 55
クスクス・ベル・ホンモス・マア・ホドラ／牛肉とひよこ豆と野菜のクスクス 56

西・中部アフリカ 58
ブラックアイド・ピー・サラダ／セネガル風黒目豆のサラダ 59
モイモイ／黒目豆の蒸し物 60
タンザニアン・シチュー／白いんげん豆と野菜のココナッツ風味シチュー 61
アフリカン・ベジローフ／赤いんげん豆と青えんどうと野菜のパテ 62
アカラ／黒目豆のフリッター 64
マデス／いんげん豆のトマトシチュー 65
チャカ・マデス／いんげん豆とキャッサバの葉の煮込み 66
ビトト／赤いんげん豆とさつまいもと青バナナの煮込み 67

Part3 米大陸

メキシコ 70
レンテハス・コン・フルタス／オアハカ風レンズ豆の煮込み 71
エンフリホラーダス／トルティーヤの黒豆ソースがけ 72
フリホレス・ボラーチョス／いんげん豆と豚肉のビール煮込み 74
フリホレス・マネアドス／チーズ入りいんげん豆の煮込み 75
トラコヨス／青いとうもろこし粉のトルティーヤ そら豆のペースト包み 76
フリホレス・コン・ケリーテ／ベラクルース風黒豆の煮込み 78

現地取材／メキシコ 79

ペルー 82

タクタク／いんげん豆とごはんのお焼き　83
ペスカド・フリート・コン・アルヴェルヒータ／グリーンスプリットピーの煮込みとさばフライ　84
ロクロ・デ・サパージョ／花豆とかぼちゃの煮込み　86
ペピアン・デ・ガルバンソ／ひよこ豆と豚肉のシチュー　87
メネストロン／花豆と野菜の具だくさんのスープ　88
セビーチェ・デ・チョチョス／大豆のセビーチェ　90

ペルーこぼれ話　91
ワスカランの麓の郷土料理、豆で作る"山のセビーチェ"
大豆を超えるスーパーフーズ、タルウィ
ペルーの首都の名が付いた、幻の豆

ブラジル 92

フェイジョン／いんげん豆の煮込み　93
フェイジョアーダ／黒いんげん豆と肉の煮込み　94
アカラジェ／黒目豆のフリッターの干しえびのペーストサンド　96
フェイジョン・トロペイロ／いんげん豆と豚肉ソーセージの煮込み　98

ブラジルこぼれ話　99
バイーア州名物、アカラジェは人気のストリートフード
ブラジルの国民食、フェイジョアーダはじつはヨーロッパ起源？
神への供物でもあるアカラジェ

アメリカ合衆国 100

ビーフ・チリ／うずら豆と牛肉のチリ　101
ベジタリアン・チリ／金時豆と黒目豆と野菜のチリ　102
ホッピンジョン／黒目豆の炊き込みごはん　103
テキサス・キャビア／黒目豆のマリネサラダ　104
ベイクド・ビーンズ／紫花豆のベイクド・ビーンズ　106
ホワイト・チリ／白いんげん豆とじゃがいもの白いチリ　108

アメリカ合衆国こぼれ話　109
ニューイングランドのピューリタンたちに欠かせない料理だった甘いボストン・ベイクド・ビーンズ
チリ・コン・カンに代表されるテクス・メクス料理とは？
米国上院議事堂のレストランで100年以上提供されている豆のスープ

Part4 ヨーロッパ

スペイン 112
- エンサラダ・デ・フディアス・ブランカス／白いんげん豆とツナのサラダ 113
- ファバーダ・アストゥリアーナ／アストゥリア風いんげん豆と豚肉の煮込み 114
- ミチロネス／ムルシア風そら豆と豚肉の煮込み 115
- カジョス・ア・ラ・マドリレーニャ／ひよこ豆と牛の胃袋のマドリッド風煮込み 116
- ベルディーニャス・コン・マリスコス／いんげん豆と魚介の煮込み 118
- トルティジータ・デ・カマロネス／小えびのひよこ豆粉かき揚げ 119
- パエジャ・バレンシアーナ／バレンシア風豆とうさぎ肉のパエジャ 120
- レンテハス・コン・チョリソ／レンズ豆とチョリソの煮込み 122
- エスピナーカス・コン・ガルバンソ／ほうれん草とひよこ豆の炒め煮 123
- コシード・マドリレーニョ／マドリード風ひよこ豆と肉と野菜の煮込み 124

ポルトガル 126
- サラダ・デ・フェイジョン・フラージ・コン・アトゥン／黒目豆とツナのサラダ 127
- サラダ・デ・グラオン・デ・ビコ・コン・バカリャウ／ひよこ豆と干しだらのサラダ 128
- トリッパ・ア・モーダ・ド・ポルト／ポルト風いんげん豆ともつの煮込み 129
- カルネ・デ・ポルコ・ア・アレンテージョ／アレンテージョ風そら豆と豚肉と魚介炒め 130
- サラダ・デ・レンティーリャ・コン・パテ・デ・サルディーニャ／レンズ豆のサラダといわしのパテ 132
- サラダ・デ・エルビーニャ・コン・タロ・エ・カラパウ／青えんどうとさといもとあじのサラダ 133
- コズィード・デ・モルセイラ・コン・フェイジョン・フラジーニョ／黒目豆とブラッドソーセージの煮込み 134
- フェイジョアーダ・デ・フェイジョン・ブランコ・コン・セメン・デ・バカリャウ／白いんげん豆と白子の煮込み 136

スペイン、ポルトガルこぼれ話 137
ハンニバル将軍が奨励したひよこ豆の栽培
羊肉から豚肉に変われどひよこ豆は残った
王様のケーキの中に隠されたそら豆を引くと……
ポルト風もつ煮の起源はセウタ遠征の残り物料理？

イタリア 138
- カルネ・サラーダ・レッサ・コン・ボルロッティ／うずら豆を添えたトレンティーノ風仔牛の塩漬けの温製 139
- リボッリータ／白いんげん豆、野菜、パンのトスカーナ風ズッパ 140
- ミッレコセッデ／カラブリア風いろいろな豆のミネストローネ 142
- プレ・ディ・ファーヴェ・エ・チコリエッラ／そら豆のピューレと野草のソテー 144
- カヴァテッリ・アイ・フルッティ・ディ・マーレ・コン・ファジョーリ／白いんげん豆と海の幸と合わせたカヴァテッリ 145
- チーチェリ・エ・トゥリエ・コン・バッカラ／ひよこ豆とトゥリエのズッパ バッカラ添え 146
- イォータ／うずら豆とかぶの漬物のフリウリ風ミネストラ 148
- ピサレイ・エ・ファゾ／うずら豆とピアチェンツァ風パン粉のニョッキのトマトソース煮込み 149
- パスタ・エ・ファジョーリ・コン・アニェッロ／白いんげん豆といろいろなパスタと仔羊肉のミネストラ 150
- パニッサ／うずら豆とラード漬けのサラミのヴェルチェッリ風リゾット 152
- ファリナータ・エ・パネッレ／ひよこ豆粉の窯焼きとひよこ豆粉のフリット 153
- ソパ・コアーダ・ディ・トリッパ・アッラ・トレヴィジャーナ／トリッパ、ラディッキョ、うずら豆、パン、チーズのトレヴィーゾ風オーブン焼き 154
- コテキーノ・エ・レンティッキエ／コテキーノとレンズ豆の煮込み 155

現地取材／イタリア 156

フランス 160
サラド・ド・アリコ・ココ・ブラン／白いんげん豆のサラダ 161
テリーヌ・ド・アリコ・ブラン・エ・テット・ド・コション／白いんげん豆と豚の頭のテリーヌ 162
アリコ・ド・ムトン／白いんげん豆と羊肉の煮込み 164
スープ・ド・ガルビュール／白いんげん豆ときゃべつと生ハムのスープ 166
サラド・ド・ランティーユ／レンズ豆のサラダ 168

フランスこぼれ話 169
ピレネー山麓の街で毎年開催される、南西部伝統のスープ、ガルビュールのコンクール
3地域がカスレの本家本元を主張
いんげん豆をフランスにもたらしたカトリーヌ・ド・メディシス

カスレ／白いんげん豆と肉の煮込み 170
スープ・オ・ピストゥ／白いんげん豆と野菜とスープ バジルソース添え 172
プティサレ・パレ・オゥ・ランティーユ／豚肉の香草パン粉付け焼き レンズ豆添え 173

ハンガリー 174
エチェテシュ・レンチェ・シャラータ／レンズ豆のサラダ 175
パラディチョムシュ・バブ・シャラータ／金時豆のトマト味サラダ 176
シャールガボロショ・フーゼレック／イエロースプリットピーのスープ 177
ヨーカイ・バブレヴェシュ／ヨーカイ 豆のスープ 178
バブレヴェシュ／虎豆とにんじんのスープ 180
レンチェ・レヴェシュ・コルバーサル／レンズ豆とウインナーソーセージのスープ 181
カーポスタシュ・バブ／白いんげん豆とザワークラウトのスープ 182
レンチェ・フーゼレック／正月に食べる レンズ豆のスープ 184

Part5 アジア

インド 186
ワダ／豆粉のドーナツ 187
ミックス・バジ／ひよこ豆粉の野菜のフリッター 188
イドリー／豆粉と米粉の蒸しパン 189
ドーサ／豆粉と米粉のクレープ 190
ダル・タルカ／イエロームングダールのカレー 191
チャナマサラ／ひよこ豆のカレー 192

現地取材／インド 194

ミャンマー 198
ペーピョットッ／ひよこ豆のサラダ 199
ラペットッ／揚げ豆とお茶の葉のサラダ 200

ペー・ピョッ・タミンジョー／ひよこ豆チャーハン　202
オンノカオスエー／ココナッツラーメン　203
トフー・ジョー／ひよこ豆豆腐の揚げ物　204

　　現地取材／ミャンマー　206

中国　208
香糟花生／落花生の紹興酒粕漬け　209
素火腿／湯葉の精進ハム　210
五香黄豆／大豆の広東風甘露煮　212
揚州燙干絲／細切り押し豆腐の湯引き 揚州風　213
蟹粉豆腐／豆腐と上海蟹みその白湯煮込み　214
紹興茴香豆／紹興のういきょう豆　216

　　中国こぼれ話　217
　　魯迅の小説の舞台「咸亨酒店」で茴香豆をつまみに紹興酒を飲む
　　暑さでほてった体をクールダウン。夏におすすめの緑豆スープ
　　最古の農業書『斉民要術』に見られる豆の加工食品

世界の豆スイーツ　218
ペルー　　フレホル コラーダ／豆のムース
インド　　スィヨン／豆粉の衣付き豆粉のドーナツ
中国　　　京城豌豆黄／白えんどうの羊羹
中国　　　米緑豆湯／緑豆のお汁粉

日本の豆
豆の日本への伝来の歴史／新豆が出る時期　220

日本の伝統的豆料理、全国の郷土料理　221

豆を使った日本の伝統料理・郷土料理　222
　あずき粥、豆きんとん、いとこ煮、打ち豆汁

取材協力店、担当シェフ　プロフィール　224
取材者プロフィール　234
ファラフェル in TOKYO 取材協力店データ、手に入りにくい食材取扱い店　235
索引　236
参考文献　239

Part1 中東
Middle East

Lebanon

レバノン

レンズ豆、えんどう、そら豆などの原産地である肥沃な三日月地帯に位置するレバノン。レバノンを含む西アジア一帯では、約1万年前からさまざまな豆が栽培され、麦類と豆類が主体の農耕が行われてきました。今も豆を使った料理が日常的に食べられています。中でもひよこ豆のペースト「ホンモス」は、レバノンをはじめアラブ諸国で毎日のように食べられる豆料理です。レバノン料理は、レモンとオリーブ油を多用するのが特徴。中東で最も洗練された料理といわれています。

p.20〜25　**ジアード・カラム**（アル・アイン）

サラタ・フール・ビザイト・ザイトーン
Salata fool bizit zitoon そら豆のオリーブ油仕立て

材料　6人分

- そら豆（乾燥）……250g
- 玉ねぎ（みじん切り）……1個
- にんにく（みじん切り）……3～5片
- エシャロット（みじん切り）……少々
- オリーブ油（炒め用）……適量
- レモン汁……1/2個分
- EXVオリーブ油……適量
- 塩、こしょう……各少々
- コリアンダー（生）……適量

[付け合わせ]
- レモン（スライス）……適量

作り方

1. そら豆は一晩水に浸し、圧力鍋で柔らかくなるまで煮る。
2. フライパンにオリーブ油をひき、玉ねぎ、にんにく、エシャロットを軽く炒める。1のそら豆とお湯少々（分量外）を入れ、塩、こしょうする。粗熱を取り、冷めたらEXVオリーブ油とレモン汁を入れ、ざく切りにしたコリアンダーとざっと混ぜ、冷蔵庫で冷やす。
3. 皿に盛ってレモンスライスをのせる。

🫘 ワンポイントアドバイス
そら豆は煮るのに時間がかかるので、圧力鍋を使うとよいです。

フールはそら豆、ザイトーンはオリーブの意味。アラブ料理のコールド・メゼ（冷たい前菜）で、夏によく食べられます。

ホンモス

Hummus
ひよこ豆のペースト

材料　6皿分

ひよこ豆（乾燥）……500g
レモン汁……大さじ5（目安）
タヒーナ（白ごまペースト）……大さじ6（目安）
　（なければ白ねりごまで代用可）
EXVオリーブ油……大さじ6（目安）
塩……適量
クミン（好みで）……適量
〈牛ひき肉のトッピング　4皿分〉
牛ひき肉……200g
玉ねぎ（みじん切り）……1個
塩、こしょう……各少々
オールスパイス※……適量
オリーブ油（炒め用）……適量
にんにくペースト……大さじ1
　（にんにくのみじん切りでもよい）
※クミン、シナモン、ナツメグなどをミックスしたもの。好みのスパイスをミックスしてよいが、シナモンは欠かせない。

作り方

1. ひよこ豆は、一晩水に浸し、水を切る。
2. 鍋に水を入れ、**1**を1〜2時間煮る。豆が柔らかすぎず、かたすぎず、一部の豆がほろっとくずれるくらいの加減がよい。ゆで汁は捨てずにとっておき、飾り用の豆十数粒を取り分けておく。
3. ボウルに**2**、塩、ゆで汁大さじ3〜5とレモン汁を加える。ボウルに氷を投入するなどして冷たい状態にしながら混ぜる。
4. **3**をフードプロセッサーでなめらかな状態になるまで攪拌する。
5. **4**にタヒーナを加え、さらになめらかな状態になるように攪拌する。
6. 牛ひき肉のトッピングを作る。フライパンにオリーブ油をひき、玉ねぎとにんにくペーストを入れ、強火で炒める。玉ねぎが透明になったら、牛ひき肉を加え、こんがりとするまで炒める。
7. **5**を皿に盛りEXVオリーブ油をかけ、取り分けておいた豆を飾る。好みでクミンやトッピングをかける。

ワンポイントアドバイス

ひよこ豆は冷たい状態で混ぜ合わせるとよい。豆の固さ、レモン汁、塩、タヒーナ、EXVオリーブ油などの量は、好みで調節してください。

「ホンモス」はアラビア語で「ひよこ豆」の意味。「フマス」「ホモス」「フンムス」など、さまざまな名称で呼ばれています。ひよこ豆をゆでてペースト状にしたものに、ゴマのペーストなどを混ぜたもので、トルコ、ギリシャ、シリア、イスラエル、ヨルダンなど、中東各国で広く食べられている伝統的な家庭料理です。アラブ諸国では、「ホブズ」と呼ばれる薄いパンと一緒に、朝、昼、晩を問わず、毎日のように食されます。

ファスーリア・ビル・ラフメ
Fasolia bill lahme
いんげん豆と羊肉の煮込み

材料　2人分

うずら豆または白いんげん豆（乾燥）……100g
骨付き羊すね肉……200g
玉ねぎ（みじん切り）……1個
完熟トマト……2個
　（ホールトマト缶1缶で代用可）
にんにく（つぶす）……2片
サラダ油……適量
塩、こしょう……各適量
A ┌ コリアンダー……少々
　├ クミン……少々
　├ ローリエ……2枚
　├ シナモンパウダー……適量
　└ クローブ……少々

作り方

1. 豆は一晩水に浸す。
2. 鍋にサラダ油をひき、玉ねぎとにんにくを炒める。色が変わったら、肉を入れて炒め、塩、こしょうする。
3. **2**にトマトを丸ごと入れ、トマトと肉がかぶるくらいの水（分量外）を入れる。**A**を入れ、沸騰したら10分ほど煮る。
4. **3**に**1**の豆を入れ、ふたをして約1時間煮込む。

> 🎵 **ワンポイントアドバイス**
> 豆は下ゆでせず、肉と一緒に煮込んだ方が旨味がよくしみます。

ファスーリアは、アラビア語で「いんげん豆」または「いんげん豆の煮込み」の意味。いんげん豆と羊肉の煮込みは、アラブ諸国では缶詰になっているほどポピュラーな豆料理で、ごはんと一緒に食べられます。ご馳走に仕立てたいときには骨付きの羊肉を、普段の食卓用には一口大に切った羊肉で作るとよいでしょう。

> 中東伝統の豆料理
> ホンモス＆ファラフェル

美容食としても注目のホンモス
本家争いで戦争勃発？

　ホンモス（p.22）の起源は不明ですが、その原型は紀元前から古代メソポタミア、古代ローマ、古代ギリシャの屋台で売られ、プラトンとソクラテスがその栄養価の高さを記しています。今や欧米でもアペタイザーの定番となり、高栄養価で低カロリーの美容食としても注目されています。

　一方、2008年10月にレバノンがホンモスをレバノン固有の食べ物だと主張。09〜10年にレバノンとイスラエルが巨大（重さ2t→4t→10t）なホンモスを作ってギネス世界記録を競い合い「ホンモス戦争」と呼ばれました。12年にはイスラエル人の映画監督がドキュメンタリー映画「Make Hummus Not War」を発表しています。

欧米でも定番のアペタイザーとなったホンモス。
ⓒ by Dion Hinchcliffe

ファラフェルの起源は古代エジプトの
コプト教徒の肉の代用食？

　ファラフェルは、ひよこ豆かそら豆、またはその二つを混ぜたものをすりつぶしてハーブやスパイスと混ぜ丸めて素揚げした、中東の伝統的な食べ物です。その起源はエジプトのキリスト教の一派のコプト教徒が、肉食を禁じる四旬節の間に肉の代わりに食べたのが始まりといわれます。エジプトでは「ターメイヤ」と呼ばれ、そら豆で作りますが（p.47）、エジプト以外の国ではひよこ豆のファラフェルがよく食べられています。もともとはファラフェル単独で売られていたのが、1950年代からピタに野菜と一緒に挟んだファラフェルサンドの屋台が出てきて、今では欧米でも人気のヘルシーなファストフードとなっています。

パリのマレ地区にある人気のファラフェル専門店「L'As du Fallafel」。ⓒ by Andrea Schaffer

ファラフェル Falafel ひよこ豆のコロッケ

レシピ提供：
ペルシャ料理レストラン
ジャーメ・ジャム

材料　20〜30個分
ひよこ豆……250g
ピーマン……1個
赤ピーマン……1個
玉ねぎ……1個
クミンパウダー……小さじ1
コリアンダーパウダー
　　……小さじ1
塩、こしょう……各適量

作り方

1　ひよこ豆は一晩水に浸したらざるに上げ、水気を切る。

2　ピーマンと赤ピーマンはへたと種を除いて5、6等分する。玉ねぎも芯を除いて5、6等分する。

3　全ての材料をフードプロセッサーに入れて攪拌する。

4　**3**を一口大に丸める（丸め方がゆるいと揚げている最中にくずれるので、しっかり丸める）。

5　サラダ油（分量外）を160℃に熱して2〜3分揚げ、さらに170〜175℃で2〜3分こんがりと揚げる。

> ファラフェル in TOKYO
> 〜東京でも特徴ある
> ファラフェルサンドが
> じわじわと浸透中〜

ニューアメリカン料理を手がけてきたシェフが日本人向けにつくりあげたファラフェルサンド

東京・広尾「EAT PLAY WORKS/THE RESTAURANT」内にある「Salam(サラーム)」は、2020年7月にオープン。豆や野菜、雑穀、スパイス・ハーブをたくさん使ったモダンな中東料理をベースに、ヴィーガンやベジタリアンも、そうでない人も楽しめる料理と、日本酒とナチュラルワインを提供するお店です。

シェフのレイチェル・ダウさんは米国・シカゴ出身。ニューアメリカン料理(フランス料理や地中海料理など世界各国の要素を取り入れた料理)で経験を積み、5年前に来日しました。ファラフェルサンドはオープン当初からのメニュー。ファラフェルは、中東のひよこ豆だけのものは日本人には水気が足りないだろうと、日本のローカルフードである枝豆を混ぜて瑞々しさを加えています。タヒーナソースには、中東のタヒーナ(白ごまペースト)ではなく黒ねりごまを使用。レイチェルさんは、日本で初めて中東にも米国にもない黒ねりごまを見て、カッコイイ! と思ったそう。ファラフェルサンドでは隠れていますが、ビーツの粉末を練り込んだピンクのホンモスとの色のコントラストの美しさもポイントです。フェタチーズをたっぷり散らすのは、レイチェルさんのオリジナル。乳製品のコクで重奏感が増します。ヴィーガン向けには、フェタチーズは使わずに大豆のヨーグルトソースのみを使い、ヴィーガンフレンドリーに対応しています。

「ファラフェルサンド、ビーツフムス、フェタ、サニーレタス」。ピタパンに、ファラフェル、ホンモス、きゅうり、トマト、サニーレタス、フェタチーズ、タヒーナソース、大豆のヨーグルトソースが挟まれている。

「枝豆のファラフェル、ビーツフムスとブラックタヒに、ピタパン」。ビーツフムスとブラックタヒの色のコントラストが鮮やか。ビーツフムスとブラックタヒニを混ぜてファラフェルにつけてピタパンと食べる。

使う野菜は約20種。東京らしいスタイルのファラフェルサンドを発信

東京・神泉にある「クンバ・ドゥ・ファラフェル」は、2009年7月にオープン。ニューヨークでファラフェルのおいしさに魅せられたオーナーが、東京でおいしいファラフェルを見つけられず、自身でお店をつくってしまったといいます。アラブの伝統料理やニューヨークやパリで流行のファストフードといったイメージを超えた、独自の東京らしいスタイルのファラフェルサンドを提供しています。

ファラフェルが埋もれて見えないほどたっぷり入った野菜は、フリルレタスやきゅうり、トマト、しそ、スライスして揚げたなす、ドレッシングであえた紫きゃべつなど、約20種類。ファラフェルだけでなく、ホンモスもたっぷり挟まれていて、両方のおいしさが味わえるのも特徴です。ピタもタヒーナ(白ごまペースト)もホットチリソースも自家製というほど手間をかけて作られていて、洗練されたレストランの一皿がピタの中に凝縮したような、まさに東京でしか味わえないファラフェルサンドです。

上:ピタは、国産小麦の全粒品と天然酵母を使って店で焼いている。下:ひよこ豆100%で作るファラフェルには、クミン、パプリカ、黒こしょうなど10種類前後のスパイスが使われている。

色とりどりの野菜がブーケのように華やかなファラフェルサンド。

Turkey 🇹🇷

トルコ

ひよこ豆の原産地はトルコ南部と考えられており、トルコの紀元前5000年頃の遺跡から発掘されています。トルコでは、古くから豆は乳製品とともに主要なたんぱく源とされてきました。いんげん豆、レンズ豆、ひよこ豆などさまざまな種類の豆が食べられています。玉ねぎやトマト、オリーブ油などを上手に使い、豆の旨味を引き出すのが基本的な調理法で、マイルドな味わいが特徴です。

p.28〜33 **ハサン・ウナル**（ボスポラス・ハサン）

メルジメッキ・チョルバス   Mercimek çorbasi   レンズ豆のスープ

材料　4人分

- レンズ豆（皮なし）……200g
- 玉ねぎ（みじん切り）……1/2個
- バター……大さじ2 1/2
- 塩……小さじ1
- こしょう……少々
- A ┌ チリパウダー……小さじ1/2
　 └ バジル（乾燥）……小さじ1/2
- 小麦粉……大さじ1 1/2
- トマトペースト……大さじ1/2
- 水……200㎖
- 固形スープの素……1個
- バジル（乾燥）……大さじ1/2
- ガーリックパウダー……少々
- 塩、こしょう……適量

作り方

1. レンズ豆は、さっと洗ってから水800㎖（分量外）で弱火で30分ほど形がなくなるまでゆでる。
2. 鍋にバター大さじ1を溶かし、玉ねぎを炒め、塩を加える。玉ねぎがきつね色になったらこしょうとAを加え、さらに小麦粉を加えて炒める。
3. 2にトマトペースト、水200㎖と固形スープの素を入れる。1をゆで汁ごとに注ぎ込み、20分ほど弱火で煮る。
4. フライパンにバター大さじ1 1/2を溶かし、バジルを焦がさないように熱し、ガーリックパウダーを振り、沸騰し始めたら3に加える。塩とこしょうで味をととのえる。

トルコの代表的なスープで、トルコの味噌汁とも呼べる存在です。トルコ全土で食べられる家庭料理で、家庭ごとにレシピがあるといわれます。

バルブンヤ・ピラキ Barbunya pilaki いんげん豆と野菜のサラダ風煮込み

材料　4人分

- うずら豆（乾燥）……150g
- 玉ねぎ（粗みじん切り）……1/4個
- にんじん（1cmの角切り）……1/2本
- じゃがいも（1cmの角切り）……1個（約100g）
- オリーブ油……大さじ1
- 塩、こしょう……各少々
- A ┌ チリパウダー、クミンパウダー……各小さじ1/2
　　└ バジル（乾燥）……小さじ1
- トマトペースト……大さじ1
- コーンスターチ……小さじ1
- 水……500㎖
- 砂糖、塩……各適量

［トッピング］
- レモン（スライス）……適量
- パセリ（みじん切り）……適量

作り方

1. うずら豆は、一晩水に浸す。水を替えて少しかためにゆで、水を切る。
2. 鍋にオリーブ油を熱し、玉ねぎを炒め、塩を振る。にんじん、じゃがいもの順に炒め、こしょうを振り、Aを加えて全体にまんべんなく混ざるように炒めた後、トマトペーストとコーンスターチを加える。
3. 2に水500㎖を加えて混ぜ込み、1を加えてじゃがいもが煮えるまで煮込み、砂糖と塩で味をととのえる。常温まで冷まして器に盛り、レモンとパセリをのせる。

トルコのいんげん豆。日本のものよりやや小さく丸みを帯びている。

ピラキは、うずら豆や白いんげん豆をトマト風味で煮込んだ料理を意味します。冷たい前菜（メゼ）の定番で、常温で食べるのがおすすめです。

メルジメッキ・キョフテ Mercimek köftesi　レンズ豆の団子

材料　5人分

レンズ豆（皮なし）……150g
ブルグル（ひきわり小麦）……150g
オリーブ油……大さじ2
玉ねぎ（みじん切り）……中1個
A ┌ にんにく（おろす）……1片
　├ 塩、こしょう……各少々
　├ チリパウダー……小さじ1/2
　├ クミンパウダー……小さじ1/2
　├ トマトペースト……大さじ1
　└ パセリ（みじん切り）……10g
[トッピング]
レタス、パセリ、レモン（スライス）……各適量

作り方

1. レンズ豆はさっと洗い、水600㎖（分量外）で柔らかくゆでる。水を切って冷ます。
2. ブルグルをさっと洗い、ひたひたの水でゆで、水を切って冷ます。
3. フライパンにオリーブ油をひき、玉ねぎを軽く炒め、**A**を加えて全体を混ぜ合わせたら火を止めて冷ます。
4. 1、2、3をよく混ぜ合わせ、冷蔵庫で冷やし固める。団子状ににぎれる程度に固まったら、小判型にまとめる。
5. ちぎったサニーレタスをしいた皿に**3**を盛り付け、レモンとパセリをのせる。好みでレタスで巻いて食べる。

🍃 ワンポイントアドバイス
レンズ豆とブルグルを、粒感が残る程度に柔らかくゆでるのが、おいしく作るコツです。

トルコ東部のマラティア地方の名物料理。メゼ（前菜）の他、子どものおやつやティータイムに食べる一品としても人気です。

タブクル・ノフト
Tavuklu nohut
ひよこ豆と鶏肉の煮込み

材料　4人分

- ひよこ豆（乾燥）……150g
- 鶏肉（一口大に切る）……150〜200g
- 玉ねぎ（粗みじん切り）……1/4個
- 塩……少量
- ピーマン（1cmの角切り）……1個
- トマト（1cmの角切り）……1/2個
- バター……大さじ1
- オリーブ油……大さじ1
- A ┌ こしょう……少々
    │ チリパウダー……小さじ1/2
    └ クミンパウダー……小さじ1/2
- 小麦粉……小さじ1/2
- トマトペースト……大さじ1/2
- 固形スープの素……1個
- 水……500㎖
- 塩、こしょう……各適量
- バジル（乾燥）……適量

作り方

1. ひよこ豆は一晩水に浸す。水を替えてかために30分ほどゆで、水を切る。

2. 鍋にバターとオリーブ油を熱し、玉ねぎを炒め、塩を振り、ピーマンを加えて炒める。玉ねぎが透き通ってきたら、鶏肉を加えて3分ほど炒める。肉の色が変わったらトマトを加えて炒め、**A**を入れてさらに炒め、小麦粉を振り入れる。

3. **2**にトマトペーストを入れて手早く炒め合わせ、固形スープの素と水を加える。

4. **3**に**1**を入れて、強火で沸騰させ、弱火で20〜30分煮込む。塩とこしょうで味をととのえ、バジルを振る。

トマト味の豆と肉の煮込みは、この他にも白いんげん豆と羊肉、牛肉などいろいろな豆と肉の組み合わせで作ります。街の食堂では「ノフト（ひよこ豆）」や「ファスリエ（いんげん豆）」と豆の名前を言うだけで、肉との煮込みが出てくるくらい、トルコでは日常的に食べられている豆料理です。

白いんげん豆と羊肉の煮込み「エティリ・クル・ファスリエ（Etili kuru fasulye）」。上記と同様の調理方法で作る。

Iran

イラン

イランでは約1万年前からえんどう、そら豆、ひよこ豆、レンズ豆などの豆が栽培され、麦類と豆類が主体の農耕が行われていました。今もさまざまな種類の豆が、スープや煮込み、米料理など、いろいろなかたちで食べられています。ペルシャ料理の特徴は、ふんだんなハーブ使いと穏やかなスパイスの風味です。イランには「最高のシェフは家庭にあり」という言葉があり、家庭で豊富な料理が供されます。ここで紹介する料理も全て普段から家庭で作られるものばかりです。

p.34〜42　**モーセン・キャラバンディ**（ジャーメ・ジャム）

ゴルメサブジ　Ghormeh sabzi　赤いんげん豆と羊肉のハーブシチュー

材料　4人分

金時豆またはキドニービーンズ（乾燥）……200g
羊肉か牛肉の赤身（一口大に切る）……300g
玉ねぎ（スライス）……1個
サラダ油（炒め用）……適量
A ┌ にら（みじん切り）……80g
　├ コリアンダー（みじん切り）……80g
　├ パセリ（みじん切り）……80g
　├ フェヌグリーク（みじん切り）……80g
　└ ほうれん草（みじん切り）……80g
ターメリック……小さじ1
ドライライム（数カ所に穴をあける）……2〜3個
　（なければレモン汁適量で代用可）
塩、こしょう……各適量

作り方

1. 金時豆は一晩水に浸し、柔らかめにゆでる。
2. 鍋にサラダ油をひいて玉ねぎを炒める。玉ねぎが色づいてきたらターメリックを入れて軽く炒め、肉を加えてさっと炒める。具が浸かる程度の水（分量外）を入れ、柔らかくなるまで煮込む。
3. フライパンにサラダ油をひいてAを入れ、水分がとんで3/4のかさになるまで炒める。
4. 2に1と3を加えて混ぜ、水2カップ（分量外）とドライライムを入れる（レモン汁を使う場合は、火を止める時に入れる）。ふたをして弱火で30分〜1時間味がなじむまで煮る。塩、こしょうで味をととのえる。

ワンポイントアドバイス
煮込んでいてスープの表面に油が浮かんできたら出来上がりの目安です（油を取る必要はありません）。

イランの国民食ともいえる家庭料理。ハーブをたっぷり使ったシチューで、白いごはんと一緒にいただきます。「サブジ」とは青菜類の総称です。

シャーミー・ラッペ
Shami lapeh
チャナダールのコロッケ

材料　10個分
ラッペ豆（チャナダール）（乾燥）……100g
玉ねぎ……1個
パセリ（みじん切り）……100g
牛肉か羊肉のひき肉……100g
卵（白身と黄身を混ぜる）……100g
ターメリック……小さじ1
サラダ油……適量

ラッペ豆（チャナダール）。黒ひよこ豆の皮なし半割り

作り方

1. ラッペ豆は10分ほど水に浸し、1〜2カップの水（分量外）で手でつぶせるくらいの柔らかさにゆで、水を切る。
2. 玉ねぎをチーズおろし器かフードプロセッサーで細かいみじん切りにし、水を切る。
3. サラダ油以外の全ての材料をボウルに入れて、よく混ぜ合わせる。
4. **3**を10等分にし、丸く形をととのえ、火が通りやすいように真ん中に指で穴をあける。
5. フライパンに1cmほどサラダ油を注ぎ、**4**の両面を3〜4分ずつきつね色になるまで揚げ焼きする。

ワンポイントアドバイス
冷めても、野菜と一緒にパンに挟むなどしておいしくいただけます。

ラッペ豆（チャナダール）とひき肉のコロッケで、伝統的なイランのメインディッシュです。

アッシュ・マッシュ　Ash mash　緑豆のぞうすい

材料　4人分

緑豆（乾燥）……250g
皮付きレンズ豆（乾燥）……100g
米（あれば長粒米）……1/2カップ
A ┌ コリアンダー（みじん切り）……125g
　└ パセリ（みじん切り）……125g
塩、こしょう……各適量
〈トッピングの肉団子〉
牛肉か羊肉のひき肉……250g
玉ねぎ……1個
ターメリック……小さじ1
塩、こしょう……各適量
サラダ油……適量

作り方

1. トッピングの肉団子を作る。玉ねぎ1個をチーズおろし器でおろし、水を切る。ボウルに玉ねぎとひき肉とターメリック、塩、こしょうを入れて混ぜ合わせ、小さい団子状にする。フライパンに油をひき、団子状にしたものを炒める。

2. 緑豆とレンズ豆と米と**A**を鍋に入れ、水4カップ（分量外）を加え、ふたをせずに20分ほど煮込み（水が蒸発したら足して常にひたひたの水がある状態にする）、塩、こしょうで味をととのえる。ふたをしてさらに豆が柔らかくなるまで煮る。

3. **2**を深皿に盛り、**1**をトッピングする。

🍀 ワンポイントアドバイス
玉ねぎをターメリックで炒めたもののトッピングもおすすめです。

緑豆を使ったぞうすいで、イランの伝統的な家庭料理です。肉団子をトッピングしてボリュームを出します。

アダスポロ　Adas polo　レンズ豆ごはん

材料　4人分

皮付きレンズ豆（乾燥）……250g
米（あれば長粒米）……2カップ
バター（米用）……80g
塩……6g
〈トッピングのゆで鶏肉〉
鶏胸肉……100〜150g
玉ねぎ（スライス〔鶏肉の臭み消し用〕）……小1個
サラダ油……適量
A ┌ ローリエ……1枚
　├ ターメリック……小さじ1/2
　└ 塩、こしょう……各適量
〈トッピングの炒め干しぶどう〉
干しぶどう（種なし）……100g
バター（レーズン用）……20g

ゆでたレンズ豆を混ぜたごはんにゆで鶏とレーズンをトッピングした家庭料理です。トッピングは、バターまたはギーで風味付けしたレーズンを基本に、さまざまにアレンジできます。

作り方

1. 炊飯器に米、バター、塩を入れ、炊飯器の指示通りの水（分量外）を入れて炊く。

2. ごはんの具を用意する。レンズ豆を塩ひとつまみ（分量外）を入れた水（分量外）でゆで、水を切る。

3. トッピングのゆで鶏肉を作る。フライパンにサラダ油をひき、玉ねぎを炒める。玉ねぎが色づいてきたらターメリック少々（分量外）を入れて軽く炒める。鍋に水（分量外）、炒めた玉ねぎ、Aを入れ、鶏肉（塊のまま）をゆでて水を切る。鶏肉は粗熱が取れたら手で細かく裂く。

4. トッピングの炒め干しぶどうを作る。フライパンにバターを入れ、水で洗った干しぶどうを軽く炒める。

5. 1と2を混ぜ合わせる。皿に盛り付け、3と4を彩りよくトッピングする。

アーブグーシュト
Abgoosht
ひよこ豆と羊肉のスープ

材料　4人分

- ひよこ豆（乾燥）……40g
- うずら豆（乾燥）……30g
- 白いんげん豆（乾燥）……30g
- 羊肉か牛肉の肩肉（一口大に切る）……500g
- 玉ねぎ……中1〜2個
- じゃがいも（メークイン）……100g(中1〜2個)
- トマト……中1〜2個
- にんにく（つぶす）……2片
- ターメリック……小さじ1
- クミンパウダー……小さじ1
- コリアンダーパウダー……小さじ1
- トマトペースト……大さじ1
- ドライライム（数カ所に穴をあける）……2〜3個
  （なければレモン汁適量で代用可）

作り方

1. ひよこ豆、うずら豆、白いんげん豆を一晩水に浸す。
2. 玉ねぎは大きめのくし切りに、じゃがいもは大きめの乱切りにする。トマトは半分に切る。
3. 鍋に全ての材料を入れ、具が浸かる程度の水（分量外）を入れ（レモン汁を使う場合は、レモン汁だけは火を止めてから入れる）、ふたをして弱火で2時間程度煮込む。

ひよこ豆、羊肉、じゃがいもなどの煮込み料理で、最も伝統的なペルシャ料理の一つです。

アーブグーシュトの食べ方
最初にディジー（壺）の中のスープを別の器に注ぎ、そこへナンを一口大にちぎって入れ、まずはナン入りスープとして味わいます。次に、ディジーに残った具を器に出して、グーシュトクーブという専用の道具で押しつぶし（左写真）、それをナンにのせて一緒に食べます（右写真）。

アッシュ・レシテ
Ash reshte 豆と野菜の煮込みうどん

材料　4人分

- ひよこ豆(乾燥)……150g
- 金時豆(乾燥)……150g
- 皮付きレンズ豆(乾燥)……150g
- 玉ねぎ(スライス)……中2個
- A
  - にら(2cmの長さに切る)……250g
  - コリアンダー(2cmの長さに切る)……250g
  - パセリ(2cmの長さに切る)……250g
  - ほうれん草(2cmの長さに切る)……250g
- 小麦粉(炒める)……大さじ2
- ターメリック……小さじ1
- レシテ(乾麺のうどんで代用可)……400g
- 塩、こしょう……各適量

[トッピング]
- ドライミント……大さじ3〜4
- 玉ねぎ(スライス)……中1個
- オリーブ油(炒め用)……適量
- 戻した状態のキャシュク(ヨーグルトで代用可)……1カップ

作り方

1. ひよこ豆と金時豆は一晩水に浸し、指でつぶせるくらいの柔らかさにゆでる。飾り用に各大さじ1ずつを取り分けておく。レンズ豆は数時間水に浸す。玉ねぎをターメリックで炒める。

2. 鍋にAと、Aがかぶる程度の水(分量外)を入れ、火にかける。沸騰したら、小麦粉を100〜150mlの水(分量外)で溶いたものと1を加え、ふたをして10分ほど弱火で煮込む。レシテを手で折り、加える。塩、こしょうで味付けし、豆とレシテが柔らかくなり、とろみがつくまでふたをして15分以上煮込む。

3. ドライミントをオリーブ油で軽く炒める。玉ねぎ1個もオリーブ油で飴色になるまで炒める。

4. 2を皿に盛り、1で取り分けた豆と3とキャシュクを飾る。

イランの伝統的な料理で、数種類の豆とハーブを「レシテ」という麺と煮込む料理です。麺は長寿や繁栄を祈る意味合いを持つため、新年にも食べられます。

Part2 アフリカ
Africa

Egypt
エジプト

エジプトでは、何千年もの昔からさまざまな豆が食べられてきました。約4600年前のピラミッドからはレンズ豆が、ツタンカーメンの墓からはえんどうが発見されています。エジプト人が特に好む豆がそら豆で、そら豆を使った「フル・ミダムス」は、エジプトの朝食には欠かせないメニューです。豆は、エジプトの人たちの食事から切り離せない、主食ともいえる存在です。オスマン帝国やイギリスの統治を経てきたエジプトの料理は、地中海料理や中東の料理とも共通する点が多く見られます。

p.44～49　**河本イマド**（ネフェルティティ東京）

ショルバ・アダス　Shorba adas　レンズ豆のスープ

材料　4人分

皮なしレンズ豆（乾燥）……200g
A ┌ トマト（4つに切る）……1個
　├ にんじん（5つに輪切り）……1本
　└ 玉ねぎ（4つに切る）……1個
B ┌ こしょう……適量
　├ クミンパウダー……小さじ1
　└ 塩……小さじ2
水……1ℓ
チキンブイヨン……1個

作り方

1. レンズ豆は3時間ほど水に浸す。
2. 鍋にたっぷりの水（分量外）と**1**、**A**を入れ、2時間ほど野菜が柔らかくなるまで煮込む。
3. **2**をつぶしながらざるで漉す。
4. 水1ℓにチキンブイヨンを溶かし、**3**と**B**を加え、ひと煮立ちさせる。

古代からあるスープで、家庭でも食堂でも定番の料理です。朝、昼、晩、いつでも食べられ、特に冬は体を温めるのによく食べられます。やさしい味で子どもでも飲みやすいスープです。

フル・ミダムス Ful medames そら豆の煮込み

材料　4人分

そら豆（乾燥）……200ｇ
A ┬ ゴマペースト……50g
　├ クミンパウダー……小さじ1
　├ オリーブ油……1/2カップ
　└ 塩……小さじ2

作り方

1. そら豆は一晩水に浸し、たっぷりの水で柔らかくなるまでゆでて、皮をむく。
2. 1とAをフードプロセッサーで、撹拌し、皿に盛る。

そら豆の温かいペーストで、単に「フール」とも呼ばれます。エジプトの伝統的な朝食で、お金持ちから庶民までみんなが食べる朝食の定番です。栄養があって腹持ちがいい豆料理は、一日の活力の源なのです。

ターメイヤ Tamiya そら豆のコロッケ

材料 （直径5cmの平たい円形 約12個分）

そら豆(乾燥)……200g
A ┌ コリアンダー(ざく切り)……1株
　├ パセリ(ざく切り)……50g
　├ 玉ねぎ(ざく切り)……1個
　└ にんにく……1片
B ┌ コリアンダーパウダー……小さじ1
　├ クミンパウダー……小さじ1
　├ 塩……小さじ2
　└ 小麦粉……約大さじ3
白いりごま……適量
サラダ油(揚げ油)……適量

作り方

1. そら豆は一晩水に浸し、たっぷりの水で柔らかくなるまでゆでる。
2. 1とAをフードプロセッサーにかけ、ペースト状にする。
3. 2をボールに入れ、Bを加えてよく混ぜ合わせ、つなぎの小麦粉でかたさを調整する。
4. 水で湿らせた手で、3の余分な水分を搾りながら、直径5cm程度の平たい円形に成型し、白いりごまをまぶす。
5. 4を150℃の油で表面が茶色になるまでゆっくりと揚げる。

そら豆をつぶして揚げたコロッケで、フールと並ぶエジプトの豆料理の定番です。中東諸国では「ファラフェル」として知られ、シリア、レバノン、イラクではそら豆とひよこ豆を半々、パレスチナ地方やイエメンではひよこ豆のみで作られることが多いといわれます。

ターメイヤの断面

クシャリ

Kushari
レンズ豆とひよこ豆とごはんとパスタの炒め合わせ

材料　4人分

皮付きレンズ豆（ゆでたもの）……100g（乾燥なら45g）
皮なしレンズ豆（ゆでたもの）……100g（乾燥なら45g）
ひよこ豆（ゆでたもの）……100g（乾燥なら45g）
オリーブ油……大さじ1
玉ねぎ（みじん切り）……1/2個
ごはん（炊いたもの）……200g
シャリーヤ（ゆでたマカロニで代用可）……100g
塩、こしょう……各適量
クミンパウダー……適量

〈トマトソース〉
オリーブ油……大さじ2
玉ねぎ（みじん切り）……1/2個
にんにく（みじん切り）……2片
A ┌ トマトペースト……150g
　├ 水……180㎖
　├ 塩……小さじ1 1/2
　└ こしょう……適量

〈フライドオニオン〉
玉ねぎ（スライス）……1/2個
サラダ油（揚げ油）……適量

作り方

1. トマトソースを作る。鍋にオリーブ油とにんにくを入れて火にかけ、香りが出てきたら、玉ねぎを加えて炒める。玉ねぎがきつね色になったら、Aを加えて、弱火で10分ほどかき混ぜながら煮込み、塩とこしょう（分量外）で味をととのえる。ソースの濃度は水で調節する。

2. フライドオニオンを作る。鍋にサラダ油を入れて火にかけ、150℃になったら玉ねぎを入れ、徐々に温度を上げていき、水分を飛ばし、カリッと茶色になるまで揚げる。

3. 熱したフライパンにオリーブ油を入れ、皮付きと皮なしのレンズ豆と玉ねぎを加えて炒め、玉ねぎがきつね色になったら、塩とこしょうを振る。

4. 3にごはん、シャリーヤ、ひよこ豆を加えて、まんべんなく炒め合わせる。

5. 4を皿に盛り、クミンパウダーを全体に振り、トマトソースとフライドオニオンをかける。

ワンポイントアドバイス
豆、ごはん、シャリーヤをよく混ぜて食べるとおいしいです。

レンズ豆とひよこ豆、ごはん、パスタを炒め合わせてトマトソースをかけ、フライドオニオンをトッピングした料理で、日本のカレーやラーメンに匹敵するエジプトの国民食です。

Morocco
モロッコ

モロッコ料理は、北アフリカに古くから住むベルベル人の料理や、中東、地中海地方、アフリカの各料理の影響を受けて、独自の食文化を発展させてきました。レンズ豆やひよこ豆、そら豆を使ったスープや煮込み料理には、中東や地中海地方の料理とも共通点が見られます。オリーブ油、クミンやパプリカなどのスパイス、イタリアンパセリ、コリアンダーなどのハーブをよく用いるのが特徴です。

p.50〜57　小川歩美（エンリケマルエコス）

シャラダ・ディアル・ホンモス　Chalada dial hams　ひよこ豆のサラダ

材料　4人分

- ひよこ豆（乾燥）……1/2カップ（85g）
- 水……2カップ
- トマト……大1個
- きゅうり……1本
- 紫玉ねぎ（みじん切り）……大さじ2
- コリアンダー（みじん切り）……大さじ1
- イタリアンパセリ（みじん切り）……大さじ1
- EXVオリーブ油……適量
- レモン汁……大さじ1
- クミンパウダー……小さじ1/2
- 黒こしょう……少々
- 塩……少々

作り方

1. ひよこ豆は一晩水に浸した後、水を切る。
2. 鍋に1と水2カップを入れて強火にかけ、沸騰したら差し水（100㎖、分量外）をし、再び煮立ったら弱火にし、泡状に浮いてくるあくをすくいながら、30〜40分、豆が柔らかくなるまで煮る。そのまま鍋で冷まし、水を切る。
3. トマトは横半分、きゅうりは縦半分に切って種を取り、それぞれ1cm角に切る。
4. ボウルに2、3、紫玉ねぎ、コリアンダー、イタリアンパセリを入れてEXVオリーブ油を回しかけ、野菜とよく絡める。クミンパウダー、黒こしょう、塩、レモ汁を加えてよく混ぜる。

ひよこ豆を使ったモロッコの定番サラダです。モロッコの家庭ではコリアンダーやイタリアンパセリなどのハーブを常備し、サラダにもよく使います。

ハリラ Harira　レンズ豆とひよこ豆のトマト味のスープ

材料　作りやすい分量（6ℓの圧力釜で作るレシピ）

皮付きレンズ豆（乾燥）……60g
ひよこ豆（乾燥）……40g
牛肉（1㎝角に切る）……200g
牛骨カット（あれば）……1個
玉ねぎ（みじん切り）……200g
水……3.5ℓ
オリーブ油……適量
A ┌ ターメリック……大さじ1/2
　├ ジンジャーパウダー……大さじ1/2
　├ 黒こしょう……小さじ1/2
　└ 塩……25g
B ┌ イタリアンパセリ（みじん切り）……30g
　└ セロリの葉の部分（みじん切り）……60g
コリアンダー（みじん切り）……60g
ホールトマト缶……650g
トマトペースト……20g
ショートパスタ……30g
薄力粉（水300㎖で溶く）……150g

作り方

1. ひよこ豆は一晩水に浸し、水を切る。

2. 圧力鍋にオリーブ油をひき、牛肉と玉ねぎを入れて中火で炒める。牛肉の色が変わったら、**A**を全体になじませ、水と牛骨を加えて強火にし、ふたをして圧力をかける。ピンが上がってから20分煮込む。

3. ミキサーまたはハンドブレンダーでピューレ状にしたトマトとトマトペースト、**1**、レンズ豆、**B**を加える。再度沸騰してからふたをせずに中火で約20分煮込む。

4. **3**にショートパスタを加えて軽く混ぜ、水で溶いた薄力粉を回し入れ、コリアンダーを加え、焦げないように常にかき混ぜながら再度沸騰してから約20分煮込み、塩（分量外）で味をととのえる。

ラマダン（断食）中の日没後に最初に食べる、モロッコを代表するスープです。豆、肉、ハーブ、スパイスやパスタが入った、具だくさんの、とろみのあるトマトベースのスープです。

アディス・マア・ケフタ Adess ma kefta レンズ豆とミートボールの煮込み

材料　4人分

皮付きレンズ豆（乾燥）……1カップ（170g）
A ┌ オリーブ油……大さじ2
　├ にんにく（みじん切り）……小さじ1
　├ 玉ねぎ（みじん切り）……100g
　├ ホールトマト缶※
　│　　……トマト3個＋トマト缶の水分大さじ5
　├ 塩……小さじ1　　黒こしょう……小さじ1/2
　├ クミンパウダー……小さじ1
　└ パプリカパウダー……小さじ1
水……4カップ
※生のトマトなら大1個。皮をむき、半分に切って種を取り、
　1cm角に切る。

〈ケフタ（ミートボール）〉
牛ひき肉……200g　　玉ねぎ（みじん切り）……50g
にんにく（みじん切り）……小さじ1/2
コリアンダー（みじん切り）……小さじ2
イタリアンパセリ（みじん切り）……小さじ2
クミンパウダー、パプリカパウダー、黒こしょう
　……各ひとつまみ
塩……少々

作り方

1. 厚手の鍋に**A**を入れてふたをし、弱火にかけて蒸し煮する（ときどきかき混ぜながら玉ねぎの水分を出す。焦げ付きそうなときは水大さじ1～2〔分量外〕を入れる）。

2. 玉ねぎがしんなりしてトマトが煮くずれたら（煮くずれない場合は木べらで軽くつぶす）、水で洗ったレンズ豆と水4カップを加えて強火にする。沸騰したら中火～弱火にし、ふたをして豆が柔らかくなるまで20～30分煮る。

3. ケフタを作る。ケフタの材料全てをボウルに入れてよくこね、1.5cm大に丸める。

4. **3**を**2**に加え、あくをすくいながら火が通るまで煮込み（煮汁の量が最初の半分くらいになるまで煮詰める）、塩、黒こしょう（分量外）で味をととのえる。

家庭でよく作られるレンズ豆の煮込みです。ケフタ（ミートボール）は、豆となじむように小さめに丸めます。

ルビア・マア・メルゲーズ
Loubia ma merguez　白いんげん豆と羊肉のソーセージの煮込み

材料　4人分

- 白いんげん豆（手亡）（乾燥）……1カップ（180g）
- 水……4カップ
- メルゲーズ（羊肉のソーセージ）……4本
- A
  - オリーブ油……大さじ2
  - にんにく（みじん切り）……小さじ1
  - 玉ねぎ（みじん切り）……150g
  - ホールトマト缶※
      ……トマト3個＋トマト缶の水分大さじ5
  - 塩……小さじ1
  - 黒こしょう……小さじ1/2
  - クミンパウダー……小さじ1
  - パプリカパウダー……小さじ1/2
  - ターメリック……小さじ1/2

※生のトマトなら大1個。皮をむき、半分に切って種を取り、1cm角に切る。

ルビアとは白いんげん豆の煮込みのことで、モロッコをはじめアルジェリアやチュニジアでも定番の豆料理です。これだけでメインのおかずにもなります。

作り方

1. 白いんげん豆は一晩水に浸し、水を切る。
2. 厚手の鍋にAを入れてふたをし、弱火にかけて蒸し煮する（ときどきかき混ぜながら玉ねぎの水分を出す。焦げ付きそうなときは水大さじ1〜2〔分量外〕を入れる）。
3. 玉ねぎがしんなりしトマトが煮くずれたら（煮くずれない場合は、木べらで軽くつぶす）、**1**と水4カップを加えて強火にする。沸騰したら中火〜弱火にし、ふたをして豆が柔らかくなるまで40〜50分煮る。
4. **3**にメルゲーズを加え、あくをすくいながら火が通るまで煮込み（煮汁の量が最初の半分程度になるまで煮詰める）、塩、黒こしょう（分量外）で味をととのえる。

ワンポイントアドバイス
冷めると豆が水分を吸うので、煮加減は、少しゆるいくらいに仕上げるとよいでしょう。

ホンモス・マア・ジャージ Hams ma djaje ひよこ豆と手羽中の煮込み

材料　4人分

ひよこ豆（乾燥）……1カップ（170g）
水……4カップ
手羽中……500g
コリアンダー（みじん切り）……大さじ5
A ┌ オリーブ油……大さじ2
　│ にんにく（みじん切り）……小さじ1.5
　│ 玉ねぎ（みじん切り）……150g
　│ 塩……小さじ1
　│ 黒こしょう……小さじ1/2
　│ ジンジャーパウダー……小さじ1
　│ ターメリック……小さじ1/2
　│ クミンパウダー……小さじ1/2
　└ パプリカパウダー……小さじ1/2

作り方

1. ひよこ豆は一晩水に浸し、水を切る。
2. 厚手の鍋に**A**を入れてふたをし、弱火にかけて蒸し煮する（ときどきかき混ぜながら玉ねぎの水分を出す。焦げ付きそうなときは水大さじ1〜2〔分量外〕を入れる）。
3. 玉ねぎがしんなりしたら、**1**と水4カップを加えて強火にする。沸騰したら中火〜弱火にし、ふたをして豆が柔らかくなるまで30〜40分煮る。
4. さっと洗った手羽中、コリアンダーを**3**に加え、あくをすくいながら火が通るまで煮込み（煮汁の量が最初の半分程度になるまで煮詰める）、塩、黒こしょう（分量外）で味をととのえる。

モロッコではほとんどの主婦が鶏を丸ごと1羽おろせます。おろした鶏の手羽先や手羽中を集めておいて豆と一緒に煮込んで作るのがこの一品です。

クスクス・ベル・ホンモス・マア・ホドラ
Couscous bel hams ma khodra
牛肉とひよこ豆と野菜のクスクス

材料　4人分

ひよこ豆（乾燥）……1/2カップ（85g）
クスクス……500g
〈クスクスのスープ〉
牛肩ロース（100gずつに切り分ける）……1kg
玉ねぎ（スライス）……大1個
ホールトマト缶のトマト※……3個
かぶ……2個
にんじん……1本
かぼちゃ……1/8個
ズッキーニ……1本
キャベツ……1/4個
ブーケガルニ……1個
　（コリアンダー1束とイタリアンパセリ1束を糸で束ねたもの）
A ┌ ジンジャーパウダー……小さじ1 ½
　├ ターメリック……小さじ1 ½
　├ 黒こしょう……小さじ1/2
　└ 塩……小さじ1～2
オリーブ油……適量
水……1.5～2ℓ

※生のトマトなら大1個。皮をむき、半分に切って種を取り、1cm角に切る。

作り方

1. ひよこ豆は一晩水に浸した後、水を切る。
2. 鍋にオリーブ油をひき強火にかけ、牛肉を入れて表面に焦げ目を付ける。
3. **2**に玉ねぎを加え、塩少々（分量外）をし、牛肉と合わせながらしんなりするまで炒める。トマトを加えてさらに炒める。全体がなじんだところで、**A**を加えて混ぜる。水、ブーケガルニを加えて肉が柔らかくなるまで1時間～1時間半煮込む。
4. クスクスを蒸し、野菜は食べやすい大きさに切る。
5. **3**に**1**を加えて15分ほど煮る。**4**の野菜を全て入れて野菜が柔らかくなるまで15分ほど煮込み、塩（分量外）で味をととのえる。
6. 皿にクスクスを盛り、煮汁を回しかける。上に肉、野菜、ひよこ豆の順に並べ、全体に煮汁を回しかける。

モロッコでは、イスラム教の休日に当たる金曜日、お昼の礼拝が終わると、家族みんなでクスクスを食べます。これはクスクスの中でも最もベーシックなもの。ひよこ豆は煮くずれしないので、クスクスと合わせる豆としてよく使われます。

West & Central Africa
西・中部アフリカ

動物性たんぱく質の少ないアフリカでは、豆は貴重なたんぱく質源です。ささげの一種の黒目豆はナイジェリア北部が原産地で、西アフリカ地域で多く栽培されています。アフリカでは豆をつぶして揚げ物にしたり、煮込んだり、ごはんに炊き込んだり、さまざまな形で調理してきました。こうした調理法は、新大陸に奴隷として連れて行かれたアフリカ人によって、中南米やアメリカ合衆国の料理にも影響を与えています。

p.58〜67　**上川大助**（ロス・バルバドス）

ブラックアイド・ピー・サラダ Black-eyed pea salad　セネガル風黒目豆のサラダ

材料　4人分

黒目豆(乾燥)……70g
きゅうり……1/4本
トマト……中1/4個
パプリカ……中1/4個
紫玉ねぎ……中1/4個
塩……適量
こしょう……適量
ヴィネグレットソース(フレンチドレッシング)……適量
ハバネロソースやタバスコ(好みで)……少量

作り方

1. 黒目豆をさっと洗ってたっぷりの水でゆでる。
2. きゅうり、トマト、パプリカ、紫玉ねぎは全てみじん切りにする。
3. **1**と**2**を合わせ、軽く塩、こしょうする。ヴィネグレットソースであえる。辛味が好みなら、ハバネロソースやタバスコを加える。

🍳 ワンポイントアドバイス

黒目豆は浸水しなくても早く煮えます。水からゆでてゆでこぼし、水を替えてゆでるときれいにゆで上がります。豆のサラダ作りのポイントは、豆を柔らかくしゆで過ぎないこと。ヴィネグレットソースは少なめに使います。

アフリカ原産の黒目豆を使った創作サラダで、米国在住のセネガル人のシェフのレシピをアレンジしたものです。

モイモイ　Moimoi　黒目豆の蒸し物

材料　10×20cmケーキ型

黒目豆(乾燥)……100g
玉ねぎ(ざく切り)……小1個
ツナ缶……140g
うずらの卵……8〜10個
トマトペースト……大さじ1
菜種油……大さじ4
生クリーム……大さじ2
野菜ブロス(なければ水)……大さじ4
タイム(パウダー)……少々
チリパウダー(あればハバネロ)……少々
コンソメキューブ……1個　　塩……少々
[付け合わせのソース]
ピリピリ(ハバネロの辛味ソース)※……適量

※ピリピリの作り方(作りやすい分量)
生のハバネロ100g(6個)のへたを取り、玉ねぎ1個、にんにく2片、トマト缶1缶と一緒にミキサーにかける。鍋に移して火にかけ、パーム油(あれば)、塩ふたつまみを加える。沸騰したらふたをし、弱火で30分ほど煮込む。

作り方

1. 黒目豆は一晩水に浸し、皮をむく。
2. うずらの卵はゆでて殻をむいておく。
3. うずらの卵以外の全てをフードプロセッサーで撹拌する。
4. 3を型に流し込み、うずらの卵を埋め込んで、蒸し器で1時間蒸す。
5. 冷めてから切り分け、ピリピリを添える。

黒目豆をすりつぶして蒸した料理で、ナイジェリアでよく食べられます。本来は、モイモイリーフという葉に包んで蒸すため、「モイモイ」と呼ばれます。現地では鶏卵のゆで卵を入れるところ、うずらの卵を入れます。

タンザニアン・シチュー
Tanzanian stew　白いんげん豆と野菜のココナッツ風味シチュー

材料　4人分

白いんげん豆（乾燥）……100g
玉ねぎ（みじん切り）……大1/2個
にんにく（みじん切り）……小1片
塩……7g
チリパウダー（あればハバネロ）……適量
ココナッツ油……適量
ベジキューブ……1/2個
ココナッツミルク……1缶
プランテン（調理用青バナナ）……大1/2本
にんじん、かぼちゃなどの野菜……適量

作り方

1. 白いんげん豆は一晩水に浸し、ゆでる。
2. ココナッツ油で玉ねぎ、にんにく、チリパウダーを炒める。塩、ベジキューブを加えてさらに炒める。
3. **2**にココナッツミルクと1缶分の水（分量外）を足して加熱する。
4. プランテンと野菜は一口大に切って、それぞれココナッツ油で炒める。
5. **3**に**4**を入れて煮込む。
6. **1**の豆を加えてさらに10分ほど煮る。

白いんげん豆とプランテンや野菜を一緒にココナッツミルクで煮込んだ料理です。プランテンは、熱帯地方では主食となる青い調理用のバナナで、バナナよりも固くて糖分が少なく、味や食感などはじゃがいもに近いです。

アフリカン・ベジローフ
African vege-loaf
赤いんげん豆と青えんどうと野菜のパテ

材料　10×20cmケーキ型

キドニービーンズ（乾燥）……125g
青えんどう（マローファットピース、乾燥グリーンピース）
　……30g
水……500〜600㎖
A┬エルブドプロバンス……大さじ1
　└ローリエ……適量
　　（お茶パックなどに入れる）
塩……13〜15g
フフの粉……25g
B┬玉ねぎ（みじん切り）……中1/2個
　├にんにく（みじん切り）……1片
　├しょうが（みじん切り）……1片
　├パプリカ（粗みじん切り）……中1/2個
　├ズッキーニ（粗みじん切り）……1/3本
　└にんじん（粗みじん切り）……中1/3本
パン粉……50〜60g
ナツメグ（パウダー）……小さじ1
オリーブ油……適量
[付け合わせ]
ピクルス（好みで）……適量

作り方

1. キドニービーンズを一晩水に浸す。水に豆と**A**を入れて一緒にゆでる。柔らかくなってきたら塩を入れる。豆が柔らかくなったらゆで汁ごと冷まし、豆にしっかり塩味がしみたのを確認したら、水を切る。

2. 青えんどうは、ゆでて薄皮をむいておく。

3. フフの粉は、水100㎖（分量外）と一緒に鍋にかけ、熱を加えながら練っておく。

4. フライパンにオリーブ油を入れ、**B**の野菜を炒める。

5. **1**と**3**をフードプロセッサーで撹拌する。

6. **5**をボウルに移し、**4**の野菜を加える。パン粉、ナツメグを加えながら、手でよく練る。

7. **6**に**2**を加えて全体を混ぜ、ケーキ型に入れて190℃のオーブンで50分焼く。

8. いったん取り出し、粗熱が取れたら型から外し、ひっくり返して再び200℃のオーブンで10分焼く。カットして盛り付け、好みでピクルスを添える。

> **ワンポイントアドバイス**
> 切り口を軽く焼いてもおいしくいただけます。玉ねぎ、にんにく、しょうが以外の野菜は、好みでアレンジできます。

アフリカ中部から西部にかけての主食であるフフ（主にキャッサバなどのいも類を粉砕して作られる）の粉と、いんげん豆で作った、しっとりした口当たりの創作パテです。

アカラ Akara 黒目豆のフリッター

材料　4人分

黒目豆（乾燥）……50g
紫玉ねぎ……1/4個
にんにく……1/2片
塩……少々
チリパウダー（あればハバネロ）
　……適量
サラダ油（揚げ油）……適量
[付け合わせ]
ピリピリ（ハバネロの辛味ソース）*
　……適量
※作り方はp.60

3のペーストの状態

作り方

1. 黒目豆は一晩水に浸し、薄皮をむく。
2. 1と紫玉ねぎとにんにくをフードプロセッサーにかけペースト状にする。
3. 2に塩とチリパウダーを加え、さらにフードプロセッサーにかける。
4. 鍋にサラダ油を入れ、3をスプーンですくって落とし、160〜170℃でじっくり揚げる。
5. 好みでピリピリを添える。

> **ワンポイントアドバイス**
> 黒目豆のペーストに、干しだらをほぐしたものや香菜をちぎって加えるのもおすすめです。

黒目豆を使った揚げ物で、ナイジェリア周辺の西アフリカ地域で食べられます。ブラジルのバイア州の名物料理の「アカラジェ」（p.96）は、これが原型といわれます。干しだらを加えた「アクラ」は、マルティニークなどのフレンチカリブの島でよく食べられています。

マデス Madesu いんげん豆のトマトシチュー

材料　4人分

うずら豆（乾燥）……100g
　　（白いんげん豆でも可）
玉ねぎ（みじん切り）……大1/2個
にんにく（みじん切り）……小1片
しょうが（みじん切り）……小1片
塩……7g
チリパウダー（あればハバネロ）……適量
パーム油……適量
ベジキューブ……1/2個
トマト缶……1/2缶

作り方

1. うずら豆は一晩水に浸し、柔らかめにゆで、水を切る。
2. パーム油で玉ねぎ、にんにく、しょうが、チリパウダーを炒める。塩、ベジキューブを加えてさらに炒める。
3. **2**にトマト缶と1缶分の水（分量外）を足して加熱する。
4. 沸騰したら**1**を加え、軽く煮る。

🗨 ワンポイントアドバイス
豆は柔らかめにゆでます。一日置くと、味がなじんでおいしくなります。

いんげん豆をトマトソースで煮込んだ、コンゴ（旧ザイール）の家庭料理で、コンゴ国内で広く食べられています。マデスは、現地の言葉で「豆」という意味です。

チャカ・マデス　Tchaka madesu　いんげん豆とキャッサバの葉の煮込み

材料　4人分

うずら豆（乾燥）……50g
　（キドニービーンズなど、いんげん豆なら何でも可）
乾燥キャッサバの葉……50g
燻製魚……1/2匹
玉ねぎ（みじん切り）……大1/2個
にんにく（みじん切り）……小1片
しょうが（みじん切り）……小1片
塩……7g
チリパウダー（あればハバネロ）……適量
パーム油……適量
ベジキューブ……1/2個

作り方

1. うずら豆は一晩水に浸し、ゆでる。
2. 燻製魚は一晩水に漬け、ほぐす。
3. キャッサバの葉をゆでる。沸騰したら**2**を入れ、20〜30分煮る。
4. パーム油で玉ねぎ、にんにく、しょうが、チリパウダーを炒める。
5. **3**に**4**を入れ、ひたひたよりも少し多く水（分量外）を加える。
6. 塩とベジキューブを加えて煮込む。味が落ち着いたら、**1**を入れて軽く煮る。

> **ワンポイントアドバイス**
> 燻製魚は、現地の食材を扱うお店で淡水魚の燻製が「Smoked fish」として売っています。焼いたさばを使ってもおいしく作れます。

主にコンゴ川の下流域で食べられる、いんげん豆とキャッサバの葉の煮込み料理です。西・中部アフリカではキャッサバの葉を Saka と呼ぶ地域が多く、それがなまって「チャカ」になったのではないかといわれます。

ビトト Bitoto 赤いんげん豆とさつまいもと青バナナの煮込み

材料　4人分

- キドニービーンズ（乾燥）……100g
- さつまいも……小1/2本
- プランテン（調理用青バナナ）……小1/2本
- 玉ねぎ（みじん切り）……大1/2個
- トマト（ざく切り）……中1/2個
- にんにく（みじん切り）……小1片
- しょうが（みじん切り）……小1片
- ベジキューブ　1/2個
- チリパウダー（あればハバネロ）……適量
- パーム油……適量
- 塩……適量

作り方

1. キドニービーンズは一晩水に浸し、ゆでる。ゆで汁はとっておく。
2. さつまいもは一口大に切り、パーム油で炒める。プランテンは一口大に切り、湯通しをする。
3. 鍋にパーム油をひき、玉ねぎ、にんにく、しょうがを炒める。
4. 3にトマト、ベジキューブ、チリパウダー、塩を加えて炒める。
5. 4に1をゆで汁ごと入れる。
6. ひと煮立ちしたらさつまいもを入れ、30分煮込む。さつまいもが柔らかくなったら、プランテンを入れてひと煮立ちさせる。

コンゴ（旧ザイール）の家庭料理で、いんげん豆とさつまいもとプランテンなどの煮込み料理です。肉や魚の燻製を入れるなどさまざまなバリエーションがあります。

Egypt

エジプトの朝食の定番、「フル・ミダムス（そら豆の煮込み）」の屋台。

by David Lisbona

by David Stanley

Uganda

東アフリカ・ウガンダの首都、カンパラの豆市場。
by CIAT

Part3 米大陸
America

Mexico

メキシコ

メキシコでは古くからとうもろこし、豆、とうがらしの3つが食材の基本となってきました。いんげん豆の故郷であるメキシコでは、いんげん豆の煮込みが毎食のように食べられる他、レンズ豆、ひよこ豆、そら豆などもよく食べられます。メキシコ北部から中央部にかけてはバヨ、カナリオ、フロールデマイヨなどといった明るい色の豆が好まれるのに対し、南部では黒豆が特に好んで食べられる傾向があります。

p.70〜78　**森山光司**（サルシータ）

レンテハス・コン・フルタス

Lentejas con frutas　オアハカ風レンズ豆の煮込み

材料　4人分

皮付きレンズ豆（乾燥）……200g
豚肉（肩ロースかもも）……150g
ベーコン（ブロック）……100g
水……1ℓ
玉ねぎ（みじん切り）……1/2個
パイナップル（1cm角切り）……1/4個
バナナ（厚さ1cmの輪切り）……1本
サラダ油……大さじ1
にんにく（みじん切り）……1片
塩……小さじ1
A ┌ クミンパウダー……ひとつまみ
　└ オレガノ（乾燥）……ひとつまみ

作り方

1. 豚肉に塩1.5g（分量外）をすりこみ、1〜2日間冷蔵庫で寝かせる。
2. レンズ豆を15分ほど水に浸し、水を切る。ベーコンは厚さ5mm、1の豚肉は厚さ1cmのぶつ切りにする。
3. 鍋にサラダ油を熱して玉ねぎとにんにくを炒める。しんなりしたらベーコンを入れ、さらに炒める。野菜の水分がとび、ベーコンの脂がほぼ溶けたら2のレンズ豆、水、豚肉を加える。
4. 3が沸騰したら火を弱めてふたをし、豆が柔らかくなるまで煮る。
5. 4に塩を加え、パイナップル、バナナを入れる。Aを加えて弱火でさらに3分ほど煮る。

レンズ豆を炒めたベーコンや塩豚肉と一緒に煮て、パイナップル、バナナを加えた南部のオアハカ地方の料理です。南部では豊富に採れる果物がよく料理に使われます。

エンフリホラーダス

Enfrijoladas
トルティーヤの黒豆ソースがけ

材料　4人分

黒豆(乾燥)……200g
水……1ℓ
玉ねぎ(スライス)……1/3個
サラダ油……20㎖
塩……4g
トルティーヤ(コーン／市販のもの)……12枚
鶏のスープ(または水)……200㎖
アニスシード……3g
鶏胸肉(皮なし)……150g
[トッピング]
玉ねぎ(スライス)、カッテージチーズ、コリアンダー
　……各適量

メキシコ南部、先住民文化が色濃く残るオアハカ州の料理。主食であるとうもろこしのトルティーヤを豆のペーストで覆った、まさにメキシコならではの一品です。現地ではアボカドの葉で香りを付けるところ、ここでは風味が似ているアニスシードで代用します。

作り方

1. 黒豆は洗って2時間～一晩水に浸し、水を切る。
2. 鍋に**1**、水、玉ねぎ、サラダ油を入れてふたをして弱火で煮る。豆が常に煮汁に浸かっている状態を保ち、少なくなったら水を足す。豆が柔らかくなったら火を止めて塩を加える。
3. 鶏のスープを火にかけ、沸騰したら鶏肉を入れて10分ほど煮る。
4. **3**から鶏肉を取り出しアニスシードを入れて弱火で1分煮る。
5. **2**をミキサーで何回かに分けて撹拌し、なめらかなピューレ状にする。
6. **5**を鍋に戻し、**4**を濾して入れ加熱する。焦げないように木べらで混ぜながらゆるいペーストくらいの固さになるまで煮詰める。味見して塩味が足りなければ塩(分量外)を足す。
7. フライパンにサラダ油(分量外)を深さ5㎜ほど入れて低温に熱する。トルティーヤを1枚ずつ5秒ほど入れて柔らかくし、キッチンペーパーの上に置いて余分な油を取る。
8. **7**を**6**の鍋に入れてペーストに浸す。
9. **4**の鶏肉を細く裂いて**8**で挟む。
10. **9**を3個ずつ皿に盛り、上に**6**をかけて玉ねぎ、カッテージチーズ、コリアンダーをトッピングする。

ワンポイントアドバイス

ベジタリアン向けには鶏肉を省いて作ります。メキシカンチョリソ(作り方はp.75)を炒めたものやとうがらしを入れて風味を付けてもよいでしょう。

フリホレス・ボラーチョス Frijoles borrachos いんげん豆と豚肉のビール煮込み

材料　4人分

うずら豆(乾燥)……200g
水……1ℓ
玉ねぎ(みじん切り)……1/2個
にんにく(みじん切り)……1片
ベーコン(厚さ5mmに切る)……100g
メキシカンチョリソ(腸から中身を出す)※……90g
※手作りする場合の作り方はp.75
サラダ油……大さじ1
塩……大さじ1
チレアルボル(鷹の爪で代用可)……1本
ホールトマト(缶)……200g
ビール……200mℓ
[トッピング]
玉ねぎ、コリアンダー(粗みじん切り)……各少々

作り方

1. うずら豆は2〜3時間水に浸し、水を切る。

2. 鍋にサラダ油を熱し、中火で玉ねぎとにんにくを炒める。しんなりしたらベーコンとチョリソを加えて炒める。ベーコン、チョリソの脂が溶けたら、細く切ったチレアルボルを加えて軽く炒め、1と水、粗くつぶしたホールトマトを加えて強火にする。沸騰したら火を弱め、ふたをして約30分、水分が蒸発し豆がひたひたに浸かる量になるまで煮る。

3. ビールを加えて火を強める。沸騰したら弱火に戻しふたをして、豆が柔らかくなるまで煮る。仕上げに塩を加えて火を止める。

4. 皿に盛り、玉ねぎ、コリアンダーをトッピングする。

🍳 ワンポイントアドバイス
ビールの代わりにテキーラ大さじ2杯を入れても。豆に味がしみ込むように、食べる少し前に作るとよいでしょう。

メキシコ中部〜北部で食べられる「フリホレス・チャロス(豆と豚肉の煮込み)」の発展形。ボラーチョスは「酔っ払い」の意味。ビールの軽い苦味が味に深みを与えます。

フリホレス・マネアドス Frijoles maneados チーズ入りいんげん豆の煮込み

材料　4人分

うずら豆(乾燥)……200g
水……1ℓ
玉ねぎ(スライス)……1/3個
塩……2g
サラダ油……大さじ1
メキシカンチョリソ(腸から中身を出す)※……60g
グアヒーヨチリパウダー……小さじ1
　(なければ普通のチリパウダーで代用可)
生クリーム……75㎖
モントレイジャックチーズ……100g
　(マイルドで溶けるタイプのチーズで代用可)
[トッピング]
カッテージチーズ、グアヒーヨチリパウダー……各適量

※メキシカンチョリソの作り方(作りやすい量)
豚挽肉(粗挽き)500g、にんにく1片(みじん切り)、塩8g、パプリカパウダー6g、カイエンペッパー1g、クミンパウダー1g　乾燥オレガノ1g 赤ワインビネガー6g、冷水80㎖以上をボウルに入れてよくこねる。本来はこれを腸に詰めるが、このレシピに使う場合は詰めなくてよい。

作り方

1. うずら豆は洗って鍋に入れる。玉ねぎ、サラダ油、水を加えて火にかけ、沸騰したらふたをして弱火にする。豆が煮汁に浸かる状態を保つように水を足しながら豆が柔らかくなるまで1時間～1時間20分煮る。火を止めて塩を加え、マッシャーで粗いピューレ状にする。

2. フライパンにサラダ油(分量外)を熱し、チョリソを加え、木べらでほぐしてそぼろ状になるまで炒める。グアヒーヨチリパウダーを加え、軽く炒めて火を止める。

3. 1に2を加えて火にかける。沸騰したら弱火にし、木べらでかき混ぜながら生クリームを加え、煮詰めてペースト状にする。チーズを加え、完全に溶けたら火を止める。

4. 耐熱皿に入れてカッテージチーズとグアヒーヨチリパウダーをかける(器ごとオーブンで温めてもよい)。

メキシコ北部ソノラ州の名物料理。「リフライド・ビーンズ(フリホレス・レフリトス)」の発展形で、畜産が盛んなこの地方らしく乳製品をふんだんに使います。

トラコヨス
Tlacoyos
青いとうもろこし粉のトルティーヤ そら豆のペースト包み

材料　10個分

[詰め物]
そら豆（乾燥）……100g
[生地]
青とうもろこしのマサ（粉）……200g
水……240㎖
塩……2g
ラード……25g
[トッピング]
グアヒーヨサルサ※……100㎖
パルメザンチーズ……適量
あればウチワサボテンの水煮(缶)……100g

作り方

1. そら豆は一晩水に浸す。薄皮をむいて鍋に入れ、ひたひたの水、塩ひとつまみを入れ、指でつぶせるくらいの固さになるまで煮る。少量の煮汁と共にフードプロセッサーにかけてピューレ状にし、冷蔵庫で冷やす。

2. 青とうもろこしのマサに塩を混ぜ、水を加えてこねる。まとまったらラードも加えてさらにこねる。

3. 2を10等分して俵型にする。オーバル状に平たくのばして1を1/10ずつ中央にのせ、半分に折って閉じる。

4. 鉄板またはフライパンに油を薄くひいて熱し、3の両面をこんがりと焼く。

5. 4の上面にグアヒーヨサルサを1つに付き小さじ1杯くらい塗り、サボテンの水煮を10gのせ、パルメザンチーズをおろしてのせる。

とうもろこしの生地を使った軽食類「アントヒートス」の中でも最も古いものの1つで、アステカ時代からあるといわれます。主にメキシコ中部で食べられ、青いとうもろこしの粉で作られることが多いです。ここではそら豆のペーストを詰めますが、黒豆のピューレもよく使われます。

※グアヒーヨサルサの作り方（作りやすい量）

1. トマト2個、にんにく3片をオーブンでこんがりとするまで焼く。
2. グアヒーヨとうがらし25ｇはへたと種を取り香ばしく網焼きにする。
3. 1と2に塩小さじ1を加えてミキサーにかける。

青とうもろこしのマサ（粉）

フリホレス・コン・ケリーテ　Frijoles con quelite　ベラクルース風黒豆の煮込み

材料　4人分

黒豆（乾燥）……250g
玉ねぎ（みじん切り）……1/2個
にんにく（みじん切り）……2片
水……1ℓ
サラダ油……大さじ1
ホールトマト缶……170g（ジュース込み）
チポトレとうがらし（缶）……2個
塩……5g
ケール（一口大にちぎる）……2枚
〈チャチョヨーテ（とうもろこしの粉の団子）〉
マサアリーナ（トルティーヤ用のとうもろこしの粉）
　……60g
水……50mℓ
ベーキングパウダー……0.5g
塩……0.5g

作り方

1. 黒豆は3時間ほど水に浸し、水を切る。

2. 鍋にサラダ油を熱し、玉ねぎ、にんにくを炒める。しんなりしたら1の豆と水1ℓを加えて強火にかける。沸騰したら弱火にし、ふたをして豆が柔らかくなるまで煮る。途中、水が少なくなったら足す。

3. チャチョヨーテを作る。材料全てをボウルに入れてこねる。まとまったら8等分にして丸め、真ん中に指でくぼみをつける。

4. ホールトマトと、へたと種を取ったチポトレとうがらしをミキサーで撹拌し、ピューレ状にする。

5. 2に4を入れ、塩を加えて弱火で5分ほど煮る。味を見て足りなければ塩（分量外）を足す。3を入れてふたをし、さらに5分ほど煮る。ケールを入れて火を止める。

東部ベラクルース地方の伝統料理で、黒豆の煮込みにとうもろこしの団子と葉を加えた料理です。現地では野生の葉を食用にしますが、ここではケールを使います。

フリホーレス（いんげん豆）の故郷、メキシコの豆事情

取材・撮影　長谷川律佳

「メキシコの市場やスーパーマーケットを覗くと、なんていんげん豆の種類が豊富なんだろう、と羨ましくなる」とは、メキシコで和菓子講座を開くために日本からやって来た職人さんの言葉。それもそのはず、メキシコはいんげん豆の原産地で、中央高原地帯では紀元前4000年頃にはすでに栽培されていたといわれています。

メキシコではフリホーレス(frijoles)と呼ばれる、このいんげん豆。同じく古くから食べられているとうもろこしと一緒に栽培する「間作」という方法が今でも取られています。

安価で腹持ちのいいフリホーレスは庶民の味方。「嫁ぎ先がどんなに貧しくとも、フリホーレスに困ることはない」や「豆にもっと水を足しておきなさい（予期せぬ客が来る時の為に、もっと煮豆を用意しておけ、の意。転じて、訪問者というのはいつも予期せぬ時にやってくる、ということ）」といった言い回しが残っていることでも、いかにフリホーレスが庶民の日常生活に密接した食べ物であるかが窺えるでしょう。

いんげん豆は、かつては土鍋でことこと煮ていましたが、スピードが勝負の現代社会においては豆の調理には圧力鍋が使われるのが一般的。さらには、スーパーマーケットに行けば、調理済みフリホーレスのレトルトパウチや缶詰が陳列棚の上から下までを占めています。

メキシコのとうもろこし畑。今でも先住民はとうもろこしと豆の間作を行っている。背の高いとうもろこしの茎を支柱にして豆を栽培する。この写真のみⓒ by Roberto Robles

かつてはこうしたオジャ・デ・バロ（「土の鍋」の意味）で豆を煮ていたが、今は売っている店を探すのも困難だ。

フリホーレスを煮るのに欠かせない、エパソテと青唐辛子。ちなみに、エパソテは日本ではアリタソウと呼ばれ、駆虫剤に用いられていたそうだ。

青空市場の乾物屋。左からカラフルなフロール・デ・マヨ、黒豆はネグロ、薄褐色のバヨ、そして大豆によく似たペルアーノ。

スーパーマーケットに並ぶ缶詰類は圧巻。煮豆だけでなく、ペースト状にしたレフリートスは定番だが、最近はチレ・チポトレ入りのものや、チョリソ入りのものも販売。1缶14ペソ（70円前後）。

オフィス街に青空市場に
バラエティ豊かな軽食やおやつの屋台

　メキシコ人にとって、フリホーレスはほとんど毎日口にする、といっても過言ではない食材です。煮豆にしてメインディッシュに添えたり、ペーストにしてとうもろこしの粉で作った生地の中に詰め込んで「お焼き」のように焼く「トラコヨ」や、厚みのあるトルティーヤにフリホーレスペーストを塗り、その上に鶏肉やレタス、チーズをのせる「ソペス」などの軽食として食べたりします。

　いんげん豆の他、ひよこ豆やレンズ豆、そら豆なども頻繁に食べられます。街角のコミーダコリーダ（日替わり定食）の定番の鶏のコンソメスープにはひよこ豆はなくてはならない存在。また、チリパウダーやレモンをまぶした揚げそら豆やひよこ豆はおやつの定番で、オフィス街や公園などでは昼下がりともなると色とりどりのボターナ（おやつ）をのせた手押し車をたくさん見かけます。

左：青空市場で手作りのサルサやトラコヨを売るセニョーラたち。**中**：青空市場のトラコヨ屋台。豆のペーストをとうもろこしの生地で包んで焼いていく。**右**：ノパル（ウチワサボテン）をトッピングしたトラコヨ。

八百屋の店先でよく売られている「もうあと1品」というときの惣菜。もちろん、フリホーレスははずせない「あと1品」だ。

間食のバラエティは豊かだ。おやつにも、ひよこ豆やそら豆のチリレモンがけなどが食べられている。

オフィス街の片隅に連なる屋台。1つ10ペソ（60円前後）程度のフリホーレスタコスは給料日前の救世主!?

トルティーヤをお皿のように揚げて、豆のペーストや鶏肉、チーズをのせたソペス。

コミーダコリーダ（日替わり定食）の定番のチキンスープに欠かせない、ひよこ豆。

プエブラ州とゲレロ州の
郷土料理を作ってもらいました

　屋台の豆料理とは一味違う、ちょっと特別な豆料理を紹介しましょう。料理を作ってくれたのはメキシコシティに住むルピータさん。元ご主人の仕事の都合でメキシコのさまざまな州に住んだ経験のある彼女が用意してくれたのは、メキシコ中部のプエブラ州でクリスマスの時期に食べられる、アヨコテ豆を添えた唐辛子のチーズ包み揚げ「チレ・レジェーノ・コン・アコヨテ」と、太平洋岸のゲレロ州で食べられる、豚肉の黒フリホーレス煮込み「フリホール・コン・プエルコ」です。どちらもメキシコシティのレストランではなかなかお目にかかることのない、貴重なお料理！　中でもアヨコテ豆は、メキシコシティで販売しているお店はほとんどなく、シティっ子には馴染みが薄い豆なのだそうです。

　薄紫色のアヨコテ豆を煮ながら「アヨコテはナワトル語※で"大きな豆"という意味なのよ。コヨトルというのが豆。そこに大きさを表す接頭語がついて語尾が変化したのがアヨコテ。それから、トラコヨはトラスカリ（ナワトル語でとうもろこし）＋コヨトル、つまりとうもろこし粉で包んだ豆、ということ」と"豆"知識を披露してくれました。

ゲレロ州の豚肉の黒フリホーレス煮込み「フリホール・コン・プエルコ」。

プエブラ州のアヨコテ豆を添えた唐辛子のチーズ包み揚げ。

水で戻したチレの中にチーズを詰め込んで（左）、メレンゲでくるんで焼く（右）。

今回お料理を作ってくれたルピータさん。「元旦那のおばあさんが『遊びに来たのかい？それじゃあ、そのナッツの皮むきを全部終わらせるまで家に帰らせないよ』というような人だったおかげでたくさんのレシピを知ることができたわ」。

メキシコシティにはなかなかない、アコヨテ豆を売っている乾物屋を発見！

※ユト・アステカ語族に属する言語で、今はメキシコなどで推定150万人のナワ族に話されている。

Peru

ペルー

ペルー北部からメキシコ〜アメリカ南部にかけてはいんげん豆の原産地といわれ、アンデスにある7000〜8000年前の洞窟からは、いんげん豆の化石が発見されています。ペルーは、多様な自然環境と気候から、栽培できないものはないというほど豊かな食材に恵まれ、豆もいろいろな種類が栽培されています。土着のインディオの料理に、スペイン、イタリア、アフリカ、中国、日本などからの移民が持ち込んだ食文化が混ざり合い、独自の多彩な料理が生まれました。

p.82〜90、218　荒井隆宏（荒井商店）

タクタク　Tacu tacu　いんげん豆とごはんのお焼き

材料　1〜2人分

カナリオ豆(ゆでたもの)……250g (乾燥なら110g)
ごはん……180g
玉ねぎ(みじん切り)……1/2個
アヒ・アマリージョ(みじん切り)……1/4本
　(なければ鷹の爪を水で戻したもので代用可)
にんにく(みじん切り)……1片
万能ねぎ(小口切り)……1/4束
サラダ油……大さじ2
塩、こしょう……各適量

[トッピング]
卵(目玉焼きにする)……1個
紫玉ねぎ(スライス)……少々

〈サルサ・クリオージャ〉
レモン果汁……1/2個分
にんにく(すりおろす)……少々
アヒ・アマリージョ(みじん切り)……少々
コリアンダー(みじん切り)……少々
塩……適量

カナリオ豆

作り方

1. フライパンにサラダ油を熱し、にんにく、玉ねぎを甘味が出るまで炒め、アヒ・アマリージョを加え、軽く塩を振る。

2. ごはんと豆を加えて、豆をつぶしながらよく混ぜ合わせる。万能ねぎを加え、塩、こしょうをして味をととのえ、ひとまとまりにして表面をカリッと焼き上げ、皿に盛る。ぱさぱさする場合は、まとめる前に加水する。

3. 目玉焼きを焼き、2の上にのせる。好みでサルサ・クリオージャの材料をあえたものや紫玉ねぎを散らす。

ワンポイントアドバイス
ラグビーボール型にしたり、魚介のあんかけやステーキを付け合わせたり、自由にアレンジしてください。

残り物のごはんと豆で作る家庭料理。スペインの植民地時代に奴隷として連れてこられたアフリカ人が作りだした料理に、日系人が手を加えて広まったといわれます。

ペスカド・フリート・コン・アルヴェルヒータ
Pescado frito con alverjita
グリーンスプリットピーの煮込みとさばフライ

材料　2人分

- グリーンスプリットピー（青えんどう〔乾燥グリーンピース〕の皮なし・半割り）……200g
- サラダ油……大さじ1
- 玉ねぎ（みじん切り）……1/4個
- 鶏皮（みじん切り）……1枚
- 塩、こしょう……各適量
- ごはん……2膳

[付け合わせ]
- さば……1尾
- 塩、こしょう……各適量
- 小麦粉……少々
- サラダ油（揚げ油）……適量

〈サルサ〉
- レモン果汁……1/2個分
- にんにく（すりおろし）……少々
- アヒ・アマリージョ（みじん切り）……少々
  （なければ鷹の爪を水で戻したもので代用可）
- コリアンダー（みじん切り）……少々
- トマト（細かい角切り）……1/4個
- 万能ねぎ（小口切り）……少々
- チョクロ（ペルー産の白いとうもろこし）……少々
- 塩、こしょう……各適量
- オリーブ油……少々

[飾り用]
- 紫玉ねぎ（スライス）……少々

作り方

1. グリーンスプリットピーを2〜3時間水に浸し、水からゆでて、水を切る。
2. フライパンにサラダ油をひき、鶏皮と玉ねぎを炒めて塩、こしょうし、1を加えてさらに炒める。
3. さばは3枚におろして4等分にし、塩、こしょうして小麦粉をまぶして揚げる。
4. お皿にごはんと2、3を盛り、サルサの材料をあえてのせる。紫玉ねぎを飾る。

🥄 ワンポイントアドバイス
魚に添える豆の煮込みは、青えんどうの他、レンズ豆や大豆などでもよいです。

チョクロ

海岸近くの魚市場の屋台で定番の朝食として食べられる料理です。ペルーでもさばやあじなどの青魚が獲れ、主食はお米です。

ロクロ・デ・サパージョ   Locro de zapallo   花豆とかぼちゃの煮込み

材料　2人分

花豆（ゆでたもの）……20粒
かぼちゃ（皮をむいて角切り）……1/4個
じゃがいも（皮をむいて角切り）……小1個
玉ねぎ（みじん切り）……1/4個
チョクロ（ペルー産の白いとうもろこし）……1/4本
サラダ油……大さじ1
チキンストック……500㎖
牛乳……150㎖
塩、こしょう……各適量
モッツァレラチーズ……80ｇ
　（フェタチーズやケソフレスコでもよい）
パセリ（みじん切り）……少々

作り方

1. 鍋を火にかけてサラダ油をひき、玉ねぎを透明になるまで炒め、チキンストックを注ぎ、火を止める。
2. じゃがいもを1に加え、火を点ける。沸騰したら、かぼちゃを加える。じゃがいもとかぼちゃの形がくずれそうなくらいになるまでゆでる。
3. チョクロと花豆、牛乳を加えてさらに煮詰め、塩、こしょうで味をととのえる。
4. 最後にモッツァレラチーズを大きめにちぎって入れる。皿に盛り、上にパセリを散らす。

ロクロとは、アンデス山岳地帯を中心に海岸地域やアマゾン地域などでも一年中食べられる、煮込み料理のこと。かぼちゃや豆がよく使われ、さまざまなバリエーションがあります。現地では主に白いんげん豆が使われますが、ここでは日本の花豆を使います。

ペピアン・デ・ガルバンソ

Pepian de garbanzo　ひよこ豆と豚肉のシチュー

材料　2人分

ひよこ豆(ゆでたもの)……250g(乾燥なら115g)
にんにく(すりおろし)……1片
玉ねぎ(みじん切り)……1/2個
豚肩肉(一口大に切る)……200g
コリアンダーペースト……大さじ2
にんじん(1cm角切り)……20g
サラダ油……大さじ2
コンソメスープ……400mℓ
塩、こしょう……各適量
ごはん……適量
サルサ・クリオージャ……適量
(作り方はp.83)

作り方

1. ひよこ豆をしっかりとつぶしておく。
2. フライパンを火にかけてサラダ油をひき、にんにく、玉ねぎを炒め、豚肉を加える。
3. コリアンダーペーストとにんじんを加えてコンソメスープを注ぎ、全体に火を加えながら1を入れてつなぎ、塩、こしょうで味をととのえる。
4. 皿にごはんをよそり、3を盛り付け、好みでサルサ・クリオージャを添える。

ペピアンとは、米や豆、とうもろこしなどに、鶏や豚、牛などで煮出しただしを煮含めた、粥状のもったりとした料理のこと。ペルー以外にもグアテマラなど、過去にスペイン領だった国で見られる料理です。

メネストロン

Menestrón
花豆と野菜の具だくさんのスープ

材料　2人分

花豆（ゆでたもの）……10g（乾燥なら4g）
玉ねぎ（みじん切り）……1/4個
にんにく（すりおろす）……1片
牛肉（すねやバラなど）……180g
スイートバジル……1パック
ほうれん草……50g
サラダ油……大さじ2
水……1.5ℓ
A ┌ じゃがいも……小1個
　├ チョクロ（ペルー産の白いとうもろこし）……1/4本
　├ ユカイモ……20g
　├ 長ねぎ……1/4本
　├ にんじん……20g
　├ かぶ……20g
　├ きゃべつ……10g
　└ かぼちゃ……10g
ペンネ……20g
モッツァレラ……10g
塩、こしょう……適量

ユカイモ

作り方

1. 鍋を火にかけてサラダ油をひき、にんにくと玉ねぎを甘味が出るまで炒める。

2. 水を加えて、大きめの一口大に切った牛肉を柔らかくなるまで約1時間ゆでる（圧力鍋を使うと短時間でゆでられる）。

3. バジルとほうれん草に少量の水（分量外）を加えミキサーにかけてピューレ状にする。

4. 鍋に1cm角に切った**A**の野菜とゆでた花豆を加えて5分ほど煮込む。**3**のピューレを注ぎ、煮立ったらペンネを加えて12分ほど煮込み、塩、こしょうで味をととのえる。

5. 皿に盛り、モッツァレラチーズをちぎって散らす。

イタリアのミネストローネのように、野菜や豆がたっぷり入ったスープで、バジルとほうれん草をピューレ状にして使い、緑色をしているのが特徴です。具材は、地域によってさまざまなバリエーションがあります。

セビーチェ・デ・チョチョス Cebiche de chochos 大豆のセビーチェ

材料　2人分

大豆（ゆでたもの）……150ｇ（乾燥なら65g）
キアヌ（ゆでたもの）……80ｇ
紫玉ねぎ（みじん切り）……1/2個
[マリネ液]
レモン果汁……2個分
にんにく（すりおろす）……1片
コリアンダー（みじん切り）……大さじ1
とうがらし（みじん切り）……適量
塩、こしょう……各適量

作り方

1. マリネ液を作る。ガラスか琺瑯のボウルにレモンを搾り、種を取る。にんにく、コリアンダー、とうがらしを加えて混ぜ合わせ、塩、こしょうで味をととのえる。
2. ゆでて冷ました大豆、キアヌ、冷水にさらした紫玉ねぎを1のマリネ液と合わせ、盛り付ける。

セビーチェとは魚介のマリネのことで、ペルーの国民食ともいえる料理です。ペルー最高峰ワスカランの山麓の町、ワラスを含むアンカシュ県の郷土料理は、魚介ならぬ豆を使った"山のセビーチェ"。本来は「チョチョス」や「タルウィ」と呼ばれるルピナスの種子（豆）を使いますが、日本にはないため、大豆を代用します。

ペルー こぼれ話

ワスカランの麓の郷土料理、豆で作る"山のセビーチェ"

ペルー最高峰のワスカランの麓、標高3000mの町、ワラスには、チョチョスやタルウィと呼ばれる豆を使ったセビーチェを売る屋台が所々にあります。チョチョスは、毒性を含むため、数日間水にさらして毒を抜いてからゆで冷まして使います。豆のセビーチェは、この一帯では家庭でもよく作られ、おやつ感覚で食べられていますが、他の地方ではなかなか食べられない、ワラスを含むアンカシュ県の郷土料理です。

ワラスの屋台。© Takahiro Arai

ワスカランの麓、ユンガイの町の上の湖近くの屋台。セビーチェ・デ・チョチョスとカンチータ（干したとうもろこしを油で炒ったもの）。©Takahiro Arai

大豆を超えるスーパーフーズ、タルウィ

アンデス地方の先住民は「タルウィ（学名：ルピナス・ムタビリス）」という豆を古くから栽培してきました。たんぱく質を40％以上、脂肪を約20％も含み、大豆以上に栄養のある豆で、スープの具にしたり、すりつぶしてごはんと混ぜたり、ゆでて薄皮をむいてスナックとしても食べられます。これほど栄養があっておいしい豆がアンデス以外に広まらなかったのは、アルカロイドという苦味のある毒性を含むことからあく抜きに数日間も要するからです。しかし、近年は苦くない品種が開発され、給食用シリアルとしても利用されています。

タルウィの花。和名はザッショクノボリフジ。
ⓒElmer Rivera Godoy

水にさらした状態で売られているタルウィ。
©Takahiro Arai

ペルーの首都の名が付いた、幻の豆

いんげん豆の一種のライ豆は、ペルーの首都リマから海外に輸出されていることにちなんで、リマ豆とも呼ばれます。ライ豆は、最もおいしい豆といわれ、世界中で食べられていますが、シアン配糖体が含まれているため、日本では生豆としての輸入が禁止されています（生餡の原料としてのみ認可）。ただ、山形の置賜地域では明治時代に日本に入ってきたライ豆の一種が「おかめささぎ」と名を変えて作り続けられ、山形おきたま伝統野菜として認定されています。

ライ豆の中でも模様のある種類のクリスマスライマビーンズ。
ⓒ by Leoadec

Brasil

ブラジル

ブラジルは、世界一のいんげん豆の消費国で、ほとんど毎日、昼食と夕食に「フェイジョン（いんげん豆の煮込み）」をごはんにかけて食べています。ブラジルの先住民のインディオは、キャッサバを主食にしていました。16世紀になると、ポルトガルから渡ってきた植民者が、米や塩漬け肉、にんにくなどを持ち込みます。ポルトガル人によって奴隷として連れてこられたアフリカ人は、豆やパーム油を使った家庭料理を作りました。ブラジルの豆料理の多くは、こうした歴史的背景から生まれたものです。

p.92〜98　黒澤修二（アウボラーダ）

フェイジョン　Feijão　いんげん豆の煮込み

材料　4〜5人分

カリオカ豆(乾燥)……250g
玉ねぎ(みじん切り)……大1/2個
にんにく(みじん切り)……1片
オリーブ油……適量　塩……少々
[付け合わせ]
ファロッファ(キャッサバの粉)……適量
ヴィナグレッチ※(上付き文字)……適量

※ヴィナグレッチの作り方(作りやすい分量)
玉ねぎ、ピーマン、トマト各1個をみじん切りにし、パセリ、ワインビネガー(なければ米酢でも可)、EXVオリーブ油各適量とあえる。

ブラジルの食事に欠かせない、いんげん豆の煮込み。ごはんにかけたり、肉の付け合わせとしてもよく食べられます。ファロッファとヴィナグレッチ(ブラジルの万能ドレッシング)は、付け合わせの定番です。

作り方

1. カリオカ豆を一晩水に浸す。
2. 鍋に豆がたっぷりかぶるくらいの水を入れ、1を強火でゆでる。あくが出てきたら中火にし、あくをすくい、水が常にかぶる状態になるように水を足しながら、豆が柔らかくなるまで4〜6時間をかけてゆっくりゆでる。豆が柔らかくなってきたら、約半分の豆はつぶしながら、煮続ける。
3. フライパンにオリーブ油をひき、玉ねぎとにんにくを透明になるまで炒める。
4. 2に3を混ぜ合わせる。水けが少なくなるまで30分ほど煮込み、塩で味をととのえる。
5. 4を皿に盛り、ヴィナグレッチとファロッファを添える。

> **ワンポイントアドバイス**
> ブラジルでは、こしょうなどのスパイスは基本的に使いません。塩で味付けし、にんにくなどで風味付けします。

フェイジョアーダ
Feijoada
黒いんげん豆と肉の煮込み

材料　4～5人分

黒いんげん豆（フェイジョン・プレット）（乾燥）……250g
リングイッサ（生腸詰めソーセージ）……150ｇ
　（なければ粗挽きソーセージで代用可）
ベーコン（塊）……60g
牛もも肉……150g
玉ねぎ……大1/2個
にんにく……1片
ローリエ……1枚
オリーブ油……適量
塩……少々

黒いんげん豆
（フェイジョン・プレット）

作り方

1. 黒いんげん豆は、フェイジョン（p.93の**1**～**2**）と同様に煮込む。
2. フライパンにオリーブ油をひき、玉ねぎとにんにくを透明になるまで炒める。
3. リングイッサは、表裏を5分ずつサラダ油（分量外）で揚げ焼きし、1cm幅の斜め切りにする。
4. ベーコンと牛肉は1cm程度のさいの目切りにし、オリーブ油で炒める。
5. **2**、**3**、**4**とローリエを**1**に加え、30分ほど煮込み、塩で味をととのえる。

> 🫘 **ワンポイントアドバイス**
> リングイッサの入手が難しい場合は、いいベーコンを使って旨味を出しましょう。

黒いんげん豆と干し肉や塩漬け肉、豚の耳や鼻、足、腸詰めなどを入れて煮込んだ、フェイジョンの豪華版ともいえる、ブラジルの国民食です。フェイジョアーダは、ポルトガル、モザンビーク、アンゴラ、ゴア、東ティモールなど、ポルトガルと、その旧植民地で食べられ、それぞれの国ならではの特徴が見られます。

アカラジェ
Acaraje
黒目豆のフリッターの干しえびのペーストサンド

材料　10個分

黒目豆（乾燥）……1kg
玉ねぎ……大1個
干しえび……15g
サラダ油（揚げ油）……適量
大きめのむきえび……20尾

ヴァタパ
A ┌ トマト（湯むきする）……1個
　├ 玉ねぎ（大）……1/2個
　├ ピーマン……1個
　├ 干しえび……30g
　├ カシューナッツ……50g
　├ ピーナッツ……50g
　├ パセリ……適量
　└ にんにく……適量
小麦粉……適量
ココナッツミルク……1缶（400㎖）
デンデ油（パーム油）……適量
塩……少々

カルル
B ┌ トマト（湯むきする）……1個
　├ オクラ……10本
　├ 玉ねぎ……大1/2個
　├ ピーマン……1個
　├ 干しえび……30g
　├ カシューナッツ……50g
　└ ピーナッツ……50g
しょうが（すりおろし）……適量
デンデ油（パーム油）……適量
塩……少々

作り方

1. 黒目豆の皮をむきやすくするために、フードプロセッサーに入れて数秒回して皮に傷を付ける。
2. 1を一晩水に浸し、手でもみ、皮をむく。
3. 2と玉ねぎ、干しえびを一緒にフードプロセッサーにかけ、ペースト状にする。
4. 3を約150gで1個分に丸め、170℃の油で約10分揚げる。
5. ヴァタパを作る。Aをミキサーで粉砕し、中火で約30分煮込む。小麦粉とココナッツミルクをミキサーで混ぜたものを加え、最後にデンデ油を加えて香り付けし、塩で味をととのえる。
6. カルルを作る。Bをミキサーで粉砕し、しょうがを加えて弱火〜中火で約30分煮込む。最後にデンデ油を加えて香り付けし、塩で味をととのえる。
7. 4に切り込みを入れ、5と6とゆでたむきえびを挟む。

黒目豆のペーストを丸めてデンデ油で揚げた、ブラジル北東部、バイーア州の名物料理です。原型は、アフリカ・ナイジェリアの「アカラ」（p.64）といわれます。昔は黒目豆のフリッターだけのシンプルなものでしたが、今は、これを半分に切り、えびやヴァタパ（干しえびとピーナッツのペースト）、カルル（オクラと干しえびのペースト）を挟んで食べるのものとなっています。

手前がヴァタパ、奥がカルル

黒目豆のペースト状にして揚げたもの。これがもともとのアカラジェ

フェイジョン・トロペイロ　Feijão tropeiro　いんげん豆と豚肉ソーセージの煮込み

材料　4～5人分

カリオカ豆（乾燥）……250g
玉ねぎ（大）……1/2個
にんにく……1片
リングイッサ（生腸詰めソーセージ）……150g
　（なければ粗挽きソーセージで代用可）
サラダ油（揚げ油）……適量
ベーコン（塊）……60g
ゆで卵……1個
オリーブ油……適量
塩……少々
［トッピング］
ファロッファ（キャッサバの粉）……適量
コエントロ（パクチー）……適量

作り方

1. カリオカ豆は、フェイジョン（p.93の**1～2**）と同様に煮込む。
2. フライパンにオリーブ油をひき、玉ねぎとにんにくを透明になるまで炒める。
3. リングイッサはサラダ油で揚げて斜めに切る。ベーコンはさいの目に切って炒め、ゆで卵は粗みじん切りにする。
4. **2**、**3**を**1**に混ぜ合わせ、30分ほど煮込み、塩で味をととのえる。皿に盛り、ファロッファとコエントロを添える。

ブラジル南東部、ミナスジェライス州の家庭料理です。トロペイロとは、沿岸部と内陸部を行き来して、ヨーロッパからの食糧や品物を内陸へ、金や鉱物を沿岸に運んだ人たちのことを指し、彼らが長旅にも耐えられるように考案された料理といわれます。

ブラジルこぼれ話

バイーア州名物、アカラジェは人気のストリートフード

　ブラジル北東部バイーア州の州都、サルヴァドールは、1549年にポルトガル領ブラジルの最初の総督府が置かれた場所です。州沿岸部ではサトウキビの大規模栽培が行われ、労働力としてアフリカから多くの奴隷が連れてこられました。そのため、この地域にはアフリカ起源の文化が色濃く残っています。それを象徴する食べ物が、豆の生地を成形してパーム油で揚げたアカラジェ（p.96）です。アカラジェは、サルヴァドールには屋台が3000もあり、多くの屋台では、白い民族衣装を着た「バイアーナ」と呼ばれる女性たちがアカラジェを売っています。

アカラジェの屋台。バイアーナが手作りして売っている。
©SHUJI preto KUROSAWA

サルヴァドールの路上でアカラジェを売るバイアーナ。© Rodrigues Pozzebom

上：アカラジェにカルルとヴァタパを挟む。下：完成したアカラジェ。©SHUJI preto KUROSAWA

木べらで混ぜてアカラジェの生地を作っている。
©SHUJI preto KUROSAWA

ブラジルの国民食、フェイジョアーダはじつはヨーロッパ起源？

　フェイジョアーダの起源は、アフリカから連れてこられた奴隷が、主人が残した肉の部位を豆と一緒に煮込んだものとされてきました。しかし最近は異論が唱えられています。豆と豚の耳や内臓などを煮込んだ郷土料理はヨーロッパ各地にあり、臓物は好んで食べられこそすれ、捨てられるはずはないというのです。フェイジョアーダが、アンゴラ、ゴアなどの他のポルトガル植民地にあることもそれを表しているといえそうです。

　フェイジョアーダはボリュームがあるので、疲れが出始める週の半ばの水曜日と週末を元気に過ごすために土曜日に食べるとよいとされ、多くのレストランでは水曜日と土曜日の定食メニューになっています。

フェイジョアーダは、ごはんにかけてキャッサバの粉を振り、ケールを添えて食べる。© by Andre S. Ribeiro

神への供物でもあるアカラジェ

　バイーア州は、アフリカの土着宗教とカトリックが混ざり合って生まれたブラジルの民間宗教「カンドンブレ」の中心地です。アカラジェは、カンドンブレの神々への供物として使われてきた、神聖な食べ物でもあります。2004年、アカラジェはブラジルの文化遺産に指定され、2010年には11月25日がバイーア州アカラジェ売りの女性の日として祝日に制定されました。

祝日のミサでアカラジェを捧げる様子。
© by Fotos GOVBA

U.S.A

アメリカ合衆国

北アメリカ大陸の先住民であるインディアンは、いんげん豆、とうもろこし、かぼちゃを主要な農作物としていました。17世紀初頭、ヨーロッパからの入植者たちによってアメリカ北東部で生まれた「ベイクド・ビーンズ（Baked beans）」は、この地にもとから住んでいたインディアンの煮豆料理が元になっているといわれます。日本ではメキシコ料理と思われている「チリ・コン・カン（Chile con carne）」は、アメリカ南西部で生まれた「テクス・メクス料理（メキシコ風のアメリカ料理）」で、アメリカの国民食の一つです。

p.100～108　**松浦亜季**（チリパーラー9）

ビーフ・チリ   Beef chili   うずら豆と牛肉のチリ

材料　6〜8人分

うずら豆（乾燥）……500g
オリーブ油……大さじ4
にんにく（みじん切り）……1片（10g）
玉ねぎ（粗みじん切り）……2個（500g）
セロリ（粗みじん切り）……1本（100g）
赤パプリカ（2cm角切り）……2個
ピーマン（2cm角切り）……5〜6個
トマト（2cm角切り）……2個
トマト缶……1缶（450g）
牛粗びきひき肉（ナツメグ小さじ1/2と塩小さじ2をまぶして軽くもみ、一晩冷蔵庫に置く）……700g
A ┌ クミン……小さじ1
　├ コリアンダー……小さじ1
　├ ローリエ……1枚
　├ カイエンペッパーパウダー……小さじ1/2
　└ チリパウダー……小さじ1

[トッピング]
（好みで）サワークリーム、チェダーチーズ、玉ねぎのみじん切り、コリアンダーの葉など

作り方

1. うずら豆を3時間以上水に浸す。新しい水（豆の約2倍の量、分量外）に替え、塩小さじ2、ローリエ1枚、オリーブ油小さじ2（3点とも分量外）を入れて火にかける。沸騰したら弱火にして1時間ほどゆでて火を止め、水を切る。ゆで汁は取っておく。

2. 牛ひき肉を、オリーブ油大さじ1（分量外）をひいたフライパンでぱらっとするまで炒め、油を切る。

3. フライパンにオリーブ油をひいて、にんにく、玉ねぎ、セロリ、赤パプリカ、ピーマンの順に入れて炒める。

4. 3にトマトを入れ、トマトから水分が出てきたら2と1の豆を入れ、ひたひたに浸かる程度の量のゆで汁を加える。塩大さじ1（分量外）を加えて20〜30分煮、塩加減をととのえる。

5. 豆が煮たったらあくをすくい、トマト缶を加え、豆が煮くずれる直前まで煮たらAを入れて味をととのえる。

チリパーラー9の定番チリです。牛肉を先に炒めて油を切り、脂っぽさを抑えています。

ベジタリアン・チリ   Vegetarian chili   金時豆と黒目豆と野菜のチリ

材料　6〜8人分

金時豆(乾燥)……300g
黒目豆(乾燥)……100g
大豆ミート(ミンチ状の物)……50g
にんにく(みじん切り)……1片(10g)
玉ねぎ(粗みじん切り)……3個
セロリ(粗みじん切り)……500g
にんじん(1.5cm角切り)……2本
黄パプリカ(2cm角切り)……1½個
ピーマン(2cm角切り)……1½個
かぼちゃ(2cm角切り)……1/2個
トマト(2cm角切り)……4個
トマト缶……1缶(450g)
A ┌ ローリエ……2枚　クミン……小さじ1
　├ コリアンダー……小さじ1
　├ チリパウダー……小さじ1
　└ カイエンペッパー……小さじ1/2

[トッピング]
(好みで) サワークリーム、チェダーチーズ、玉ねぎのみじん切り、コリアンダーの葉など

作り方

1. 金時豆は、p.101の**1**と同様にゆでて、水を切る。ゆで汁は取っておく。黒目豆は水で洗い、水を切る。

2. 大豆ミートは熱湯で戻してからフライパンにオリーブ油(分量外)をひき、ナツメグひとつまみ(分量外)と塩少々(分量外)を振って炒める。

3. フライパンにオリーブ油大さじ2(分量外)をひき、にんにく、玉ねぎ、セロリ、にんじん、黄パプリカ、ピーマン、かぼちゃの順に入れて炒める。

4. **3**にトマトを入れ、トマトから水分が出てきたら、**2**と**1**の金時豆と黒目豆を入れ、ひたひたに浸かる程度の量の金時豆のゆで汁を加える。塩大さじ1(分量外)を加え、20〜30分煮て、塩で味をととのえる。

5. 豆が柔らかくなったら、トマト缶を入れてさらに弱火で20〜30分煮る。**A**を入れて味をととのえる。

チリパーラー9の、肉を使わない定番チリです。牛肉の代わりに大豆ミートを炒めて入れます。

ホッピンジョン   Hoppin'john   黒目豆の炊き込みごはん

材料　4人分

- 黒目豆……1/2カップ
- 水……1カップ
- 玉ねぎ(みじん切り)……1/2個
- ベーコン(短冊切り)……100g
- 米……2カップ
- 塩……小さじ1

[付け合わせのサルサ]
- トマト(ざく切りにし水を切る)……2個
- 赤玉ねぎ(みじん切り)……1/2個
- ハラペーニョ(みじん切り)……小さじ1
- 赤ワインビネガー……小さじ1
- ライム(果汁を搾る)……1個
- ハバネロソース(好みで)……適量
- EXVオリーブ油……大さじ2
- パセリ……少々
- 塩……小さじ1/2
- 黒こしょう……適量

作り方

1. 黒目豆は、たっぷりの水に塩ひとつまみ(分量外)を入れ、8分目まで(約30分)ゆで、冷まして水を切る。豆のゆで汁を1カップとっておく。米はといで水を切る。
2. フライパンにオリーブ油大さじ1(分量外)をひき、玉ねぎを飴色になるまで約10分炒める。
3. フライパンにオリーブ油大さじ1(分量外)をひき、ベーコンを炒め、2を加え、いったん火を止める。
4. 底の厚い鍋に1のといだ米と水1カップ、豆と豆のゆで汁1カップを入れ、ふたを開けたまま強火にする。沸騰したら底から混ぜて塩と3を入れ、ふたをして中弱火で8分加熱する。10秒間強火にして火を止め、5分蒸らす。皿に盛り、サルサの材料を混ぜ合わせたものを添える。

アメリカ南部では、元旦に「ホッピンジョン」を食べるとその1年が幸運に恵まれると信じられています。黒目豆を幸運の象徴とする伝統は、西アフリカから伝わったものです。

テキサス・キャビア
Texas caviar
黒目豆のマリネサラダ

材料　4～5人分

- 黒目豆……1カップ
- 紫玉ねぎ(みじん切り)……1/2個
- トマト(1cm角切り)……小2個
- 赤パプリカ(1cm角切り)……1個
- ピーマン(1cm角切り)……2個
- とうもろこし(ゆでて包丁で粒をこそげ取る)……1本
  (またはコーンの缶詰……小1缶)
- A
  - 塩……小さじ2
  - チリパウダー……小さじ1/2
  - クミンパウダー……小さじ1/4
  - コリアンダーパウダー……小さじ1/4
  - ライム(搾る)……1個
- EXVオリーブ油……大さじ2

[トッピング]
- コーンチップ……適量
- ケール……2～3枚
- ライムの搾り汁……適量

作り方

1. 黒目豆は水で洗い、たっぷりの水に塩をひとつまみ(分量外)入れ、30分ほどゆでる。冷まして水気をよく切る。
2. 全ての野菜と**1**をボールに入れ、**A**とよく混ぜ合わせ、約1時間常温に置き、味をなじませる。
3. **2**にEXVオリーブ油を合わせて混ぜ、冷蔵庫に約2時間置き、さらに味をなじませる。
4. 皿に盛り、コーンチップ、ケールの葉、ライムの搾り汁をかける。

> 🍋 **ワンポイントアドバイス**
> 野菜は、玉ねぎとトマトは欠かせません。それ以外はきゅうり、ラディッシュ、焼いたズッキーニなど、さまざまな野菜で応用できます。

ニューヨーク出身でテキサスに移り住んだ女性料理人Helen Corbittが1940年頃に考案した、黒目豆を使ったマリネサラダです。黒目豆の黒い部分をキャビアに見立てて、この名前で呼ばれるようになりました。

ベイクド・ビーンズ
Baked beans
紫花豆のベイクド・ビーンズ

材料　6〜8人分

紫花豆……500g
塩……小さじ2
ローリエ……1枚
にんにく（みじん切り）……20g
玉ねぎ（さいの目切り）……2個
セロリ（さいの目切り）……1本（約150g）
にんじん（さいの目切り）……1本（約150g）
ベーコン（できれば塊のものを短冊切り）……80g
　（塩漬け干し豚ばら肉でもよい）
トマト（ざく切り）……2個
シードル……200㎖
モラセス（糖蜜）……大さじ1
　（なければ黒砂糖で代用可）
カイエンペッパー……ひとつまみ
オリーブ油……大さじ2
塩……適量
ローリエ……2枚
タイム……2本
［仕上げ用］
パン粉……適量
パセリ……適量

作り方

1. 紫花豆は、1日水に浸し、ゆっくり戻す。新しい水（豆の約2倍の量）に替え、塩小さじ2、ローリエ1枚、オリーブ油小さじ2（分量外）を入れて火にかける。沸騰したら弱火にして4時間ほどゆでて火を止め、水を切る。

2. フライパンにオリーブ油をひいて、にんにく、玉ねぎ、セロリ、にんじんの順に入れて炒める。

3. 2にベーコンを入れ、ベーコンに火が入ったところで、トマトとシードル、1とモラセス、カイエンペッパーを加える。豆がかぶる程度の水（分量外）とローリエ、タイム、塩を入れて水が1/2になるくらいまで約1時間煮る。常温で冷まして味をなじませる。

4. 3を火にかけて温めてからキャセロールに移し、パン粉をのせてオーブンに入れ、パン粉に焦げ目が付いたら出来上がり。食べる直前にパセリをかける。

🫘 ワンポイントアドバイス

いったん冷ましたベイクド・ビーンズを、温めることなくオーブンで長時間焼くと、花豆の表面の皮がめくれてきてしまいます。火にかけて温めてからオーブンに入れましょう。

アメリカ北東部でよく食べられる豆の煮込みです。ボストンのベイクド・ビーンズはモラセス（糖蜜）で甘味を付けるのが特徴で、メーン州やケベック州ではメープルシロップを使います。アメリカでは一般的にいんげん豆を使いますが、ここでは日本産の大きな紫花豆を使います。

ホワイト・チリ White chili 白いんげん豆とじゃがいもの白いチリ

材料　6〜8人分

白いんげん豆……500g
にんにく（みじん切り）……1片（10g）
玉ねぎ（さいの目切り）……4個
セロリ（さいの目切り）……2本
にんじん（さいの目切り）……1本
トマト……2個
じゃがいも（さいの目切り）……大2個
　（できればメークイーンがよい）
鶏ひき肉……500g
タイム……2本
ローリエ……1枚
オリーブ油……大さじ2
[トッピング]
そら豆（ゆでる）……適量
パセリ……適量
パプリカパウダー……適量

作り方

1. 白いんげん豆は、p.101の1と同様にゆでて、水を切る。ゆで汁は取っておく。
2. フライパンにオリーブ油をひいて、にんにく、玉ねぎ、セロリ、にんじんの順に入れて炒める。
3. 2にトマトを入れ、トマトから水分が出てきたら、鶏肉、じゃがいも、タイム、ローリエを入れ、木べらで鶏肉をほぐしながらよく混ぜ、8割方火が入ったら、具がひたひたに浸るくらいの水（分量外）を加え、20〜30分煮る。じゃがいもに半分火が入ったら1の豆とゆで汁を具が浸る程度入れてさらに弱火で20〜30分煮込み、塩（分量外）で味をととのえる。皿に盛り、好みでトッピングする。

鶏ひき肉とじゃがいもを使う、あっさりタイプの創作チリ・ビーンズです。チリ発祥のテキサス州では、豆が入らないトマト味のチリを正統とみなしますが、他州には白いチリなどさまざまなチリが存在します。

ニューイングランドのピューリタンたちに欠かせない料理だった 甘いボストン・ベイクド・ビーンズ

　1620年11月にメイフラワー号でイギリスからマサチューセッツ州プリマスに辿り着いたピューリタンたちは、ニューイングランド地方一帯に農村社会を築きます。彼らの宗教戒律は厳しく、安息日には調理さえしてはいけませんでした。そこで重宝されたのが、放っておけば出来上がる豆料理、ボストン・ベイクド・ビーンズでした。材料は、アメリカ大陸原産のいんげん豆と塩漬け豚、メイプル・シロップまたはモラセス（糖蜜）など。土曜日の夜に屋外の暖炉の近くに穴を掘り、材料を入れた鍋を埋めておけば、余熱で煮込まれ日曜日には食べることができました。村や町ができてからは、家で仕込んだ鍋をパン屋へ持ち込み、大きな窯で蒸し焼きにしてもらうようになります。この豆料理はイギリスにまで知れわたり、ボストンはビーン・タウンと呼ばれました。

　ボストン・ベイクド・ビーンズが甘いのは、この地の先住民であるインディアンたちがメイプル・シロップを使っていたからだといわれます。当時の旧大陸ではさとうきびは非常に高価で一般の人たちが使える甘味料ははちみつだけでしたから、メイプル・シロップは大変有り難い甘味料だったに違いありません。

ボストン・ベイクド・ビーンズ。
ⓒ by Marcelo Träsel

お土産品として売られている、ボストン・ベイクド・ビーンズ煮込み用ポット。

ボストン・ベイクド・ビーンズにちなんだピーナッツ菓子もある。ⓒ Boston Baked Beans Peanut Head Candy 2014, by Mike Mozart

チリ・コン・カンに代表される テクス・メクス料理とは？

　チリ・コン・カン（chile con carne）は、スペイン語で肉入りとうがらしを意味します。アメリカでは通常短く「チリ」と呼ばれ、タコスなどと並ぶ代表的なテクス・メクス料理の一つです。テクス・メクス料理とはメキシコ風アメリカ料理のことですが、テキサスに移住したメキシコ人の料理ではなく、1621年にメキシコを植民地化しアメリカへ北上していったスペイン人の料理と、もともとこの地に住んでいたインディアンの料理が融合して生まれたものと考えられています。クミンやにんにくを多用するのは、スペイン人が労働者としてカナリア諸島から連れてきたモロッコ人の影響といわれます。

チリ・コンカン。ⓒ by Carstor

米国上院議事堂のレストランで 100年以上提供されている豆のスープ

　ワシントンD.C.にある上院議員専用レストランのメニューに20世紀初頭から載っている名物料理が、「セネト・ビーン・スープ（Senate bean soup）」（白いんげん豆のスープ）です。一説にはフレッド・デュボワ議員の、別の説ではクヌート・ネルソン議員の要請から載るようになったとか。じゃがいもの産地として知られるアイダホ州選出のデュボワ議員は、マッシュポテト入りの豆スープをと主張し、当初のレシピはマッシュポテト入りでしたが、今日提供されているスープにはマッシュポテトは入っていません。

上：Senate Bean Soupの缶詰も売られている。ⓒ by jsnsndr
左：アメリカ合衆国上院議員の公式サイトの中のSenate Bean Soupのページ。マッシュポテトなしと入りの2つのレシピが紹介されている。http://www.senate.gov/reference/reference_item/bean_soup.htm

PERU

メキシコからペルーにかけての太平洋岸高地は、いんげん豆の故郷。
古くからとうもろこしとの間作が行われてきた。©Takahiro Arai

アンデスで栽培されるペルー原産の豆、タルウィー（ルピナス）の花。
©Takahiro Arai

Part4 ヨーロッパ
Europe

Spain
スペイン

スペインは、中近東やアフリカに近く、古くからひよこ豆やレンズ豆が食べられてきました。いんげん豆は、15世紀末にコロンブスらが新大陸からスペインに持ち帰り、その後、ヨーロッパ中に広まりました。スペイン料理は、北は煮込み料理、中央はオーブン料理、南は揚げ物料理が特徴で、各地の料理法に合わせ、さまざまな豆を使った郷土料理があります。特に北のアストゥリアス州には豆の煮込み料理が多く、冬に体を温める料理として親しまれています。

p.112〜125 **数井理央**（イレーネ）

エンサラダ・デ・フディアス・ブランカス
Ensalada de judías blancas　白いんげん豆とツナのサラダ

材料　2人分

- 白いんげん豆（乾燥）……60g
- ツナ缶（油を切る）……小1缶
- 赤ピーマン（約1cmの角切り）……1/2個
- ピーマン（約1cmの角切り）……1/2個
- トマト（約1cmの角切り）……1/2個
- 玉ねぎ（約1cmの角切り）……1/4個
- グリーンオリーブ（半分に切る）……5〜6個
- 白ワインビネガー……適量※
- EXVオリーブ油……適量※
- レモン汁……1/4個分
- 塩……少々

※白ワインビネガーとEXVオリーブ油の割合は1：4。

作り方

1. 白いんげん豆は一晩水に浸し、ゆでる。
2. 赤ピーマン、ピーマン、トマト、玉ねぎを混ぜ合わせ、塩を振って野菜から水分を出す。
3. 2に1とグリーンオリーブ、ツナを入れ、白ワインビネガー、レモン汁を加えて混ぜ合わせる。最後にEXVオリーブ油を少しずつ加えてあえる。

ワンポイントアドバイス
あらかじめ酢と油を混ぜてドレッシングを作ってかけるのではなく、野菜に塩を振って水分を出し、そこにEXVオリーブ油を加えて乳化させることでおいしくなります。

スペインの北東部、カタルーニャ地方の定番サラダで、タパスの定番料理です。白いんげん豆、ツナ、オリーブに色とりどりの野菜が入ったヘルシーなサラダです。

ファバーダ・アストゥリアーナ
Fabada asturiana アストゥリア風いんげん豆と豚肉の煮込み

材料　6人分

白いんげん豆（乾燥）……200g
豚ばら肉の塩漬け……400g
チョリソ……3本
モルシージャ（ブラッドソーセージ）……3本
オリーブ油……大さじ4
玉ねぎ……1個
トマト……1個
にんにく……1/2株
パプリカパウダー……大さじ2
サフラン……少々

作り方

1. 白いんげん豆を一晩水に浸し、2倍の水をはって3～4時間ゆでる。
2. フライパンにオリーブ油をひき、スライスした玉ねぎをくったっとするまで炒め、パプリカパウダーを振る。
3. 鍋に**2**、トマト丸ごと、薄皮がついたままのにんにく、サフラン、具の2～2.5倍の水（分量外）を入れ、にんにくが柔らかくなるまで3～4時間ゆでる。
4. **3**からトマト、にんにく、サフランを取り出す。にんにくの薄皮を除き、トマトと一緒にミキサーにかけ、鍋に戻す。
5. **4**に**1**と豚ばら肉の塩漬け、チョリソ、モルシージャを入れて豆の一部がくずれるくらいまで煮る。

ファバ（faba）は、アストゥリアス語でいんげん豆のこと。スペイン北部、アストゥリアス地方の伝統的な煮込み料理です。スペイン全土で、主に冬に食べられます。

🍳 ワンポイントアドバイス

野菜を丸ごと煮込み、柔らかくなったらいったん取り出して、ミキサーにかけ、また鍋に戻す、という方法は、スペイン料理の煮込み方の基本です。多くの煮込み料理は、同様の手順で作ります。

ミチロネス

Michirones　ムルシア風そら豆と豚肉の煮込み

材料　6人分

そら豆（乾燥）……300g
生ハムの骨……100g
チョリソ……2本
豚ばら肉……300g
ローリエ……2枚
パプリカパウダー……大さじ1
オリーブ油……大さじ2
塩……適量

作り方

1. そら豆は、一晩水に浸す。
2. 全ての材料を鍋に入れ、水をひたひたに注ぎ、3～4時間煮込む。

スペイン南部のムルシア地方は、晴れの日が多く、豆や野菜、柑橘類の生産がさかんです。この地方ならではの豆料理が、乾燥そら豆とムルシア産の豚肉やチョリソを煮込んだ、ミチロネスです。

カジョス・ア・ラ・マドリレーニャ
Callos a la madrileña
ひよこ豆と牛の胃袋のマドリッド風煮込み

材料　8〜10人分

- ひよこ豆(乾燥)……300g
- はちの巣……1kg
- 豚足……2本
- 生ハムの骨……10〜15cm
- 塩漬けの豚ばら肉……500g
- A
  - 玉ねぎ(皮をむく)……1kg
  - ニョラ(乾燥赤ピーマン)……2個
  - トマト……1個
  - にんにく……1株
- オリーブ油……大さじ3〜4
- パプリカパウダー……大さじ2
- 小麦粉……少々
- 塩……適量
- ローリエ……1枚
- クミンシード(好みで)……適量

ニョラ（乾燥赤ピーマン）

作り方

1. ひよこ豆は一晩水に浸す。
2. 豚足をたっぷりの水(分量外)で約4時間ゆでて柔らかくし、骨を取り出しておく。
3. 鍋に**2**のゆで汁を具の2〜2.5倍の量と**1**、はちの巣、塩漬けの豚ばら肉、生ハムの骨を入れ、はちの巣とひよこ豆が柔らかくなるまで2〜3時間ゆでる。
4. **3**に**A**の野菜を丸ごと入れる。**A**の野菜が柔らかくなったら取り出し、にんにくの薄皮をむいて、**A**の野菜と一緒にミキサーにかけ、鍋に戻す。
5. フライパンにオリーブ油、パプリカパウダー、小麦粉を入れて、**3**のゆで汁を適量加えてとろみをつける。
6. **4**に**5**とローリエを入れて、全体的に柔らかくなるまで1時間ほど煮込み、塩で味をととのえる。

> 🫘 **ワンポイントアドバイス**
> テーブルでクミンシードをかけて食べるのもおすすめです。

「カジョス」とは牛の胃袋のこと。内臓煮込み料理をカジョスといい、スペイン各地にその土地ならではのカジョスがあります。マドリード風のカジョスの特徴は、ひよこ豆が必ず入ること。季節を問わず食べられる人気のメニューです。

ベルディーニャス・コン・マリスコス
Verdinas con mariscos　いんげん豆と魚介の煮込み

材料　6人分

- ベルディーニャ（乾燥）……300g
  （なければ小さいいんげん豆で代用可）
- 有頭えび……6尾
- あさり（白ワインで蒸し、殻を取る）……300g
- いか（一口大に切る）……1杯
- 魚のだし（白身魚のあらで取っただし）
  （なければコンソメで代用可）
- えびのだし（有頭えびの殻で取っただし）
- あさりのだし（白ワインで蒸した際のだし）

  合わせて 1200〜1800mℓ

- 玉ねぎ……1/2個
- にんじん……1/2本
- トマト……1個
- 長ねぎ……1本
- にんにく……2片
- 塩……適量

作り方

1. 豆は一晩水に浸す。
2. 魚のだし、えびのだし、あさりのだしを合わせたものを鍋に入れて火にかけ、**1**をゆでる。
3. **2**に玉ねぎ、にんじん、トマト、長ねぎの乱切りと、皮の付いたままのにんにくを入れる。柔らかくなったら、野菜を取り出し、にんにくの薄皮をむいたものと一緒にミキサーにかけ、鍋に戻す。
4. オリーブ油（分量外）をひいたフライパンでいかとえびとあさりを一緒に炒め、**3**に加え、全体を混ぜ合わせ、塩で味をととのえる。

ベルディーニャ

ベルディーニャは、スペイン北部のアストゥリアス地方特産のいんげん豆で、白くなる前の緑色の状態を収穫したものです。それを魚介と煮込んだ、伝統的な料理です。

トルティジータ・デ・カマロネス
Tortillita de camarones　小えびのひよこ豆粉かき揚げ

材料　6人分

すじえび……30g
　（なければ生のさくらえびで代用可）
サラダ油（揚げ油）……適量
〈衣〉
ひよこ豆粉……50g
小麦粉……50g
塩……適量
水……適量

作り方

1. 衣を作る。ボウルに粉類と塩を入れ、水を注いで混ぜ合わせる。ぽとぽと落ちる程度のゆるさにする。
2. **1**にすじえびを加え、さっくり混ぜる。
3. フライパンなど浅めの鍋にサラダ油を入れ、170℃程度に熱する。**2**をフライ返しの上に取って薄くのばし、できるだけ衣を落とした状態で、静かに油の中に滑り落とし、からっと揚げる。

スペインの南端にあるアンダルシア州の港町、カディスの名物料理です。アフリカや中近東に近いこの地域ではひよこ豆がよく食べられ、このかき揚げにもひよこ豆の粉を使います。

パエジャ・バレンシアーナ

Paella valenciana
バレンシア風豆とうさぎ肉のパエジャ

材料　2人分

- ひよこ豆(乾燥)……10g
- 米……1合
- うさぎのもも肉……100g
- かたつむり(ボイルしたもの)……6個
- 赤ピーマン……1個
- にんにく(みじん切り)……1片
- サフラン、ピメントン(パプリカパウダー)……各少々
- トマトペースト……大さじ1
- オリーブ油……適量
- 肉のカルド(だし汁)※……720mℓ
- 塩……適量
- レモン汁(好みで)……1/2個分

※肉のカルドの作り方
牛骨、豚骨、生ハムの骨などを焼いて、水、玉ねぎ、セロリ、にんじん、パセリなどのくず野菜を入れて弱火で8時間ほど煮る。最終的に肉と水の分量は1:1が目安。

作り方

1. ひよこ豆は、一晩水に浸し、水を切る。たっぷりの水(分量外)に入れて、柔らかくなるまで2〜3時間ゆでる。
2. 赤ピーマンは、へたと種を取り、細長く切る。
3. パエリア鍋にオリーブ油を熱し、うさぎ肉を入れる。肉に焼き目がついたら裏返し、**1**と**2**を加えて炒める。
4. 赤ピーマンがしんなりしたら、にんにく、サフラン、ピメントン、トマトペーストを加えて混ぜる。
5. かたつむりを入れてさっと炒めたら、米を入れて全体に油が回るまで混ぜながら炒める。米に油がなじんだら、肉のカルドを加える。
6. 沸騰したら、パエリア鍋に米を均等に広げ、塩で味をととのえる。水分が少なかったら、カルドを足す。
7. 約280℃のオーブンに入れて約8分で炊き上げる。炊けたら取り出し、好みでレモン汁をかける。

米どころのバレンシア地方は、パエジャの発祥地といわれています。バレンシア地方を代表するこのパエジャは、豆と肉を使い、魚介類は入りません。パエジャの元祖ともいえる、山の素材を使ったパエジャです。ひよこ豆の代わりにいんげん豆や花豆を使ってもよいです。

レンテハス・コン・チョリソ *Lentejas con chorizo* レンズ豆とチョリソの煮込み

材料　6人分

- レンズ豆(乾燥)……300g
- 玉ねぎ(みじん切り)……1個
- ピーマン(みじん切り)……2個
- オリーブ油……大さじ4
- にんじん……1本
- チョリソ……6本
- パプリカパウダー……少々
- 肉のカルド(作り方p.121)……具の2〜3倍
- ローリエ……1枚
- ニョラ(乾燥ピーマン)……2個
- にんにく……1/2個
- 塩……適量
- 青とうがらしの酢漬け(市販品、好みで)……適量

スペイン内陸部のカスティーリャ地方や、北部のアストゥリアス地方で食べられる、メインディッシュになるレンズ豆を使った料理です。

作り方

1. レンズ豆は5〜6時間水に浸す。
2. フライパンにオリーブ油をひき、玉ねぎとピーマンをくたっとするまで炒め、パプリカパウダーをかける。
3. 鍋に**2**、カルド、ローリエ、ニョラ、薄皮のままのにんにくを入れる。そこへにんじんを丸ごと入れ、にんにくが柔らかくなるまでゆでる(1時間程度)。さらにチョリソを入れて30〜40分ほど煮る。
4. **3**からにんにく、ローリエ、ニョラを取り出す。薄皮を除いたにんにくとニョラをミキサーにかけ、**3**の鍋に戻す。
5. **4**にレンズ豆を入れ、レンズ豆が適当な固さになったら、塩で味をととのえる。

ワンポイントアドバイス
青とうがらしの酢漬けは、レンズ豆と相性がいいので、付け合わせにおすすめです。

エスピナーカス・コン・ガルバンソ
Espinacas con garbanzos　ほうれん草とひよこ豆の炒め煮

材料　6人分

ひよこ豆（乾燥）……60g
ほうれん草……2〜3束
オリーブ油……大さじ4
にんにく（みじん切り）……3片
クミンパウダー……大さじ2
塩……適量

作り方

1. ひよこ豆は一晩水に浸し、ゆでる。
2. ふたのあるフライパンか鍋にオリーブ油とにんにくを入れて弱火で熱する。にんにくの香りが出たら中火にし、5cmに切ったほうれん草を入れて炒める。ほうれん草がしなってきたら、弱火にしてふたをし、ほうれん草から出る水分で煮る。
3. **2**のほうれん草の色が変わってきたら、**1**とクミンパウダーと塩を入れ、30〜40分煮る。

アンダルシア地方のタパスの定番で、ほっとする味わいの一品です。クミンをきかせるのは、イスラムの食文化の影響を受けた、アンダルシア料理の特徴の一つです。

コシード・マドリレーニョ
Cocido madrileño
マドリード風ひよこ豆と肉と野菜の煮込み

材料　9〜10人分

- ひよこ豆（乾燥）……500g
- A
  - 豚ばら肉（ブロック）……300g
  - 牛すね肉（ブロック）……500g
  - ひな鶏……1羽
  - チョリソ……4本
  - 生ハムの骨（あれば）……1/2本
  - にんじん……1本
  - 玉ねぎ……1個
  - ローリエ……1枚
- じゃがいも……2個
  - （煮くずれにくいメークインがよい）
- きゃべつ……1/4個
- 塩……少々
- フィデオ（極細の乾燥ショートパスタ）……50g×人数分

作り方

1. ひよこ豆は一晩水に浸し、水を切る。
2. スープを仕込む。大きな寸胴鍋に、**A**と具の2〜2.5倍の量の水（分量外）を入れて火にかける。煮立ったら火を弱め、あくを丁寧にすくう。
3. **2**に**1**を加える。あくを丁寧にすくいながら3〜4時間弱火で煮る。
4. **3**のひよこ豆に8割ほど火が入ったら、きゃべつを加えて15〜20分、さらにじゃがいもを加えて15〜20分、それぞれの野菜が柔らかくなるまで煮込み、塩で味をととのえる。
5. 小鍋に**4**から人数分のスープを入れて沸かし、フィデオを入れる。煮えたら、スープ皿に盛る。
6. 器に1人分ずつ切り分けた豚ばら肉と牛すね肉、ひな鶏、チョリソ、じゃがいも、にんじん、玉ねぎ、きゃべつ、ひよこ豆を盛る。

> 🫘 **ワンポイントアドバイス**
> 具には好みでレモン、ビネガー、ケッパーや生の玉ねぎなどを添えて一緒に楽しみます。

コシードは、マドリードを代表する冬の煮込み料理で、肉と野菜と、たっぷりのひよこ豆を使うのが基本です。マドリード以外にも各地にその土地ならではのコシードがあります。食べ方は、まず具の旨味が凝縮したショートパスタ入りのスープを食べて、その後に具を食べます。

Portugal
ポルトガル

ポルトガルには豆を使った料理が数多くあります。それは、13世紀半ばまで数百年にまたがってこの地を支配したアラブ人およびムーア人の食文化が影響しているといわれます。ポルトガルは、15世紀半ば〜17世紀半ばの大航海時代、海外に多くの植民地を持ち、各植民地の料理と互いに影響を及ぼし合ってきました。フェジョアーダは、その代表的なものです。

p.126〜136　佐藤幸二（クリスチアノ）

サラダ・デ・フェイジョン・フラージ・コン・アトゥン

Salada de feijão frade com atum　黒目豆とツナのサラダ

材料　2人分

黒目豆(ゆでたもの)……250g(乾燥なら100g)
セロリ……30g
ツナ(油を切った状態で)……60g
紫玉ねぎ(スライス)……30g
トマト(1cmの角切り)……25g
コリアンダーまたはイタリアンパセリ(粗く刻む)
　……適量

〈ドレッシング〉
塩、こしょう……各少々
赤ワインビネガー……13mℓ
イタリアンパセリ(みじん切り)……適量
EXVオリーブ油……9mℓ

作り方

1. セロリの浅漬けを作る。セロリを1cm幅に切ってひとつまみの塩(分量外)で浅漬けし、一晩置く。
2. ツナ缶は油を捨ててEXVオリーブ油(分量外)に漬け替え、2時間以上冷蔵庫に置く。使う前に油を切る。
3. ドレッシングの材料を合わせてドレッシングを作る。1と2、ゆでた黒目豆、紫玉ねぎ、トマトを混ぜ合わせてドレッシングであえる。皿に盛り、コリアンダーまたはイタリアンパセリをのせる。

💡 ワンポイントアドバイス
現地では、刻んだにんにく入れて食べます。

スペイン南端のアルガルヴェ地方をはじめマグロの獲れる地域を中心によく食べられるサラダで、タパスバーの定番の一品です。アフリカ原産の黒目豆は、いんげん豆が渡来する前から地中海沿岸の国々で食べられてきました。

サラダ・デ・グラオン・デ・ビコ・コン・バカリャウ
Salada de grão de bico com bacalhau　ひよこ豆と干しだらのサラダ

材料　2人分

- ひよこ豆(ゆでたもの)……215g(乾燥なら95g)
- 紫玉ねぎ(スライス)……30g
- 玉ねぎのソフリット……30g
  (玉ねぎを1cm角に切り、油で炒めたもの)
- にんにく(すりおろす)……1/8片
- バカリャウ(干しだら/戻してゆでる)……40g
- クミンシード(油で軽く揚げる)……2g
- コリアンダー(パセリでも可)……7g
- EXVオリーブ油……13ml
- 赤ワインビネガー……11ml
- 塩……適量

[トッピング]
- レモン(スライス)……1/8個

作り方

1. ひよこ豆は、手でつぶれるくらい柔らかくゆで、215gのうち50gは、両手でつぶして餡の状態にする。
2. 全ての材料を混ぜ合わせる。皿に盛り、レモンのスライスをのせる。

タパスバーの定番ともいえるひよこ豆とバカリャウ(干しだら)のサラダです。バカリャウは、真だらを塩漬けして乾燥させた保存食で、ポルトガル料理には欠かせない食材の一つです。

トリッパ・ア・モーダ・ド・ポルト
Tripas à moda do porto　ポルト風いんげん豆ともつの煮込み

材料　2人分

- うずら豆（ゆでたもの）……100g（乾燥なら45g）
- トマト（1cmの角切り）……50g
- トリッパ（ギアラ、牛もつなど入手できるもので可）
  ……250g
- パプリカパウダー……大さじ1/2
- イタリアンパセリ……少々
- こしょう……少々

作り方

1. うずら豆は、豆の形が残っているものとゆでくずれたものが半々になるくらい、柔らかくゆでる。
2. トリッパを下ゆでする。3cm角程度にカットして水からゆでる。沸騰したら中火で15分ほどゆで、ざるに上げる。ゆでこぼしたときのだしは、残しておく。
3. **1**と**2**、トマト、パプリカパウダー、イタリアンパセリを鍋に入れ、**2**で残しておいただしをひたひたになる程度注ぎ、2時間ほど煮込む。こしょうで味をととのえる。

いんげん豆とトリッパを煮込んだ、ポルトガル北部の港町、ポルトの郷土料理です。ポルトの人々は、「トリペイロ＝トリッパ食い」と呼ばれるくらい、もつ（牛や豚の内蔵）をよく食べます。

カルネ・デ・ポルコ・ア・アレンテージョ
Carne de porco á alentejana

アレンテージョ風そら豆と豚肉と魚介炒め

材料　2人分

そら豆（ゆでたもの）……100g（乾燥なら60g）
豚ばら肉……100g
マッサ・デ・ピメンタオン※……15g
　（パプリカ1/4個をすりおろしたもので代用可）
にんにく……1片
はまぐり……5個（150g）
玉ねぎのソフリット……60g
　（玉ねぎを1cm角に切り、油で炒めたもの）
トマト（約1cmのさいころ状に切る）……30g
コリアンダー（パセリでも可）……7g
塩、こしょう……適量
[トッピング]
レモン（スライス）……1/8個
コリアンダー（粗みじん切り）……適量

作り方

1. 豚ばら肉は1cm程度のさいころ状に切り、マッサ・デ・ピメンタオンでマリネし、冷蔵庫で一晩置く。
2. 熱したフライパンに**1**とにんにくを入れ、表面が軽く焦げる程度まで弱火で炒め、ソフリットを加える。
3. **2**にトマトとゆでたそら豆、水30㎖（分量外）、コリアンダーを加え、ふたをして強火で1分30秒加熱する。
4. 弱火にしてからはまぐりを上にのせて、ふたをして中火で2分加熱する。塩、こしょうで味をととのえる。皿に盛り、レモンとコリアンダーをトッピングする。

乾燥そら豆をゆでたもの

ポルトガル中南部のアレンテージョ地方の郷土料理で、豚バラ肉とあさりを炒め煮したものです。ここではあさりの代わりにはまぐりを使い、そら豆を加えてアレンジしています。

※マッサ・デ・ピメンタオンの作り方（作りやすい分量）
赤パプリカ……2個(300g)
粗塩……30g弱

1. パプリカは縦4つ切りにして皮を下にして並べ、塩をまんべんなく振る。密閉できる袋に移し、空気をしっかり抜き、冷蔵庫に1週間以上置く。
2. パプリカの水気と残った塩を拭き取り、フードプロセッサーでペースト状にする。冷蔵庫で2週間保存可能。

サラダ・デ・レンティーリャ・コン・パテ・デ・サルディーニャ

Salada de lentilha com pate de sardinha　　レンズ豆のサラダといわしのパテ

材料　4人分

〈レンズ豆のサラダ〉
皮付きレンズ豆（ゆでたもの）……180g（乾燥なら120g）
レモン（スライス）……1/8個
ミント……2g
クミンシード（油で軽く揚げる）……2g
エシャロット……11g
コリアンダー……4g
EXVオリーブ油……30g
にんにく（みじん切り）……1/8片

〈いわしのパテ〉
いわし……4匹（240g）
ソーラーソルト……適量

作り方

1. レンズ豆のサラダの材料を全て混ぜ合わせて、サラダを作る。

2. いわしのパテを作る。いわしの表面にソーラーソルトを振って焼く（できれば炭火で焼く）。骨を取って、フードプロセッサーですりつぶす。小骨は、フードプロセッサーでは切れないので、フードプロセッサーですりつぶした後に、キッチンばさみで切る。いわし4匹からおおよそ60gのパテができる。

ワンポイントアドバイス
レンズ豆のサラダといわしのパテを混ぜながら、パンと一緒に食べるのがおすすめです。

レモンとコリアンダーでポルトガル風に仕立てた、レンズ豆の創作サラダです。いわしはポルトガルのソールフード。いわしのパテは、食堂のコヴェルト（お通し）の定番です。

サラダ・デ・エルピーニャ・コン・タロ・エ・カラパウ
Salada de ervilha taro e carapau　青えんどうとさといもとあじのサラダ

材料　2人分

- 青えんどう（マローファットピース、乾燥グリーンピース）（ゆでたもの）……85g（乾燥なら40g）
- さといも……85g
- 紫玉ねぎ……20g
- 赤ワインビネガー……40㎖
- EXVオリーブ油……10㎖
- こしょう……少々

〈あじのにんにくマリネ（カラパウス・アリマドス）〉
- あじの切り身……100g
- 塩……1g（魚の重量の1％）
- にんにく……1片
- ローリエ……1枚

マローファットピース（青えんどう）をゆでたもの

作り方

1. あじのにんにくマリネを作る。あじの切り身に塩（重量の1.2％）をまぶして一晩マリネしたものを、つぶしたにんにくとローリエを敷いて蒸す。約50gのマリネができる。

2. さといもは、柔らかめにゆでて手でつぶす。

3. 紫玉ねぎは厚めにスライスして冷水に軽くさらして水気を切り、1と2と混ぜ合わる。赤ワインビネガーとEXVオリーブ油を加えてあえ、こしょうで味をととのえる。

🍴 ワンポイントアドバイス
柔らかめにゆでたさといもを手でつぶすことで、魚と豆との一体感が出ます。

ヨーロッパで広く使われる豆の一つ、青えんどう（マローファットピース）を、ポルトガルでもよく食べられる、あじと合わせた創作サラダです。

コズィード・デ・モルセイラ・コン・フェイジョン・フラジーニョ

Cozido de morcela com feijão fradinho
黒目豆とブラッドソーセージの煮込み

材料　2人分

黒目豆（ゆでたもの）……160g（乾燥なら70g）
モルセイラ※……100g
にんにく（みじん切り）……大1片
カイエンペッパー……小さじ1
玉ねぎのソフリット……60g
　（玉ねぎのスライスを炒めたもの）
ローリエ……1枚
じゃがいも（男爵）……50g
チキンストック……50g
トマトペースト……10g
クミンシード（揚げる）……1g
シナモン……2振り
ナツメグ……2振り
ローズマリー……2、3葉
塩、こしょう……各適量
サラダ油（揚げ油）……適量
オリーブ油……25㎖
水……150㎖
［付け合わせ］
マスタード……10g

※モルセイラがない場合は、豚肉ソーセージ60gと鶏レバー40gを一口大に切って小麦粉をまぶして揚げる。

作り方

1. モルセイラを160℃の油で約2分揚げる。じゃがいもは一口大に切り、蒸しておく。

2. フライパンににんにく、オリーブ油、カイエンペッパーを入れて中火で炒める。にんにくが透き通ってきたら、玉ねぎのソフリットとローリエを加え、玉ねぎが飴色になる手前までさらに炒める。

3. 2に1とチキンストック、トマトペースト、クミンシード、シナモン、ナツメグ、ローズマリー、水を加え、ふたをせずに強火で加熱する。水分がなくなる程度まで煮込み、全体に味をなじませる。塩とこしょうで味をととのえる。

ワンポイントアドバイス
マスタードをつけて食べるのがおすすめです。

モルセイラ（ブラッドソーセージ）と豆の煮込みは、ポルトガルを代表する料理です。クミンやクローブを使うのが定番ですが、シナモン、ナツメグ、マスタードを組み合わせ、アレンジしています。

フェイジョアーダ・デ・フェイジョン・ブランコ・コン・セメン・デ・バカリャウ

Feijoada de feijão-branco com sêmen de bacalhau　白いんげん豆と白子の煮込み

材料　2人分

- 白いんげん豆（ゆでたもの）……100g
  （乾燥なら45g）
- 白子……100g
- 鶏もも肉……40g
- チキンストック……50㎖
- 水……50㎖
- にんにく（みじん切り）……1/2片
- 玉ねぎのソフリット……25g
  （玉ねぎを1cm角に切り、油で炒めたもの）
- エストラゴン……2房
- 塩……ひとつまみ

作り方

1. 鶏もも肉を一口大に切り、重量の1.2%の量の塩（0.48g、分量外）をまぶし、約1時間漬ける。
2. 白子は100gのうち30gをフォークか手でつぶす。
3. 鍋に1、2、にんにく、玉ねぎのソフリット、白いんげん豆、エストラゴン、チキンストック、水、塩を入れて加熱する。沸騰したらふたをして中火で2分煮る。

💧 ワンポイントアドバイス

白いんげん豆をゆでる際に、オリーブ油で玉ねぎとローリエと豆を炒めてからゆでると風味良く仕上がります。

日本ならではの素材である白子を使って創作した、白いフェイジョアーダです。フェイジョアーダは、白いんげん豆と魚介や肉を一緒に煮込んだ料理。ブラジル、ポルトガル、アンゴラなど、ポルトガルと、その旧植民地で食べられていて、多彩なバリエーションがあります。

スペイン、ポルトガルこぼれ話

ハンニバル将軍が奨励した ひよこ豆の栽培

スペインに特徴的なのが、ひよこ豆（スペイン語でガルバンソ〈garbanzo〉）がよく食べられていることです。ひよこ豆は紀元前3世紀頃、カルタゴ人によってイベリア半島にもたらされました。カルタゴの将軍ハンニバルは、アフリカの対岸の沿岸都市を根拠地として兵士たちにガルバンソの栽培を奨励したといいます。戦いに欠かせない食糧を確保することで、イベリア半島進出を成功に導いたのです。乾燥に強くスペインの気候風土に合ったガルバンソは、現在もスペインで広く栽培されています。

ローマ史上最強の敵といわれたハンニバル・バルカ

羊肉から豚肉に 変われど ひよこ豆は残った

コシードの原型の一つといわれるユダヤ系の料理が、ユダヤ教の安息日に食べられる「アダフィナ（adafina）」です。アダフィナは、羊または山羊の肉、ひよこ豆、野菜と香草を煮込んだ料理で、ユダヤ教徒がイベリア半島で活躍していた8〜12世紀にスペイン一帯に広まりました。しかしやがてユダヤ教徒への迫害が始まり、彼らの戒律では禁止されている豚肉とその加工品を使われるようになり、各地それぞれのコシードに変化していきました。そんな中でも、ひよこ豆は多くの地方のコシードの中にずっと変わらず使われています。

アダフィナ

王様のケーキの中に隠された そら豆を引くと……

1月6日は公現祭、東方三賢者の日とも呼ばれ、イエスの顕現を記念する祝日です。スペインでは1月6日前夜に「ロスコン・デ・レイエス（王様〔三賢者〕のケーキ）」というリングケーキが、ポルトガルではクリスマス・イブの12月24日から1月6日まで「ボーロ・レイ（王様のケーキ）」というケーキが食べられます。ケーキの中には小さな陶器の王様の人形と乾燥そら豆が入っていて、スペインでは人形が当たった人にはその年に幸運が訪れ、そら豆が当たった人はケーキの代金を払います。ポルトガルでは人形が当たった人は願いが叶い、そら豆を引いたら翌年のボーロ・レイを用意しなければなりません。英語圏ではキングケーキ、フランスではガレット・デ・ロアなど、ヨーロッパ各地で同様の風習があります。

ロスコン・デ・レイエス。

ロスコン・デ・レイエスの中のそら豆と王様の人形。© by Fungus b-commonswiki

ボーロ・レイ。
© by José Conçalves

ポルト風もつ煮の 起源はセウタ遠征の 残り物料理？

「ポルト風もつ煮（Tripas à moda do Porto）」の起源には諸説あります。その一つが、1415年にエンリケ航海王子が率いるポルトガル船隊がモロッコのセウタへの遠征に際し、ポルト市民が進んで軍に肉を供出したため、自分たちには臓物しか残らず、その残った臓物と豆で作った煮込みがポルト風もつ煮だったという説です。今でもポルトの人たちはもつを食べる人々（トリペイロ）として知られています。

ポルトガル・ベレン地区にある発見のモニュメント（西側）。
© by Plenumchamber

Italy
イタリア

イタリアでは古代ローマ時代から中東原産のそら豆、ひよこ豆、レンズ豆などの豆が食べられてきました。15世紀に出版された、貴族専属料理人、マルティーノの料理書には「ひよこ豆のスープ」や「砕いたそら豆のミネストラ」「えんどうの塩漬け肉炒め」などの豆料理のレシピが並んでいます。新大陸原産のいんげん豆は、16世紀にスペイン国王カール5世からローマ教皇のクレメンス7世に譲渡され、伝わったといわれます。その後、イタリア各地で、その土地ならではのいんげん豆の入ったミネストラや「パスタ・エ・ファジョーリ（パスタと豆のスープ）」の郷土料理が生まれました。

p.138〜155　**小池教之**（インカント）

カルネ・サラーダ・レッサ・コン・ボルロッティ
Carne salada lassa con borlotti　うずら豆を添えたトレンティーノ風仔牛の塩漬けの温製

材料　1皿分

〈カルネ・サラーダ　作りやすい分量〉
仔牛肉……1kg
A：黒こしょう、コリアンダー、クミンシード、アニスシード、シナモン、クローブ、ジュニパーベリー、にんにくパウダー、ローズマリー、セージ、ローリエ、タイム……各適量

〈ポレンタ　作りやすい分量〉
　とうもろこし粉……135g
　水、牛乳……各150㎖
　塩……7g　　グラナパダーノ……適量
　バター……10g
うずら豆（ゆでたもの。ゆで方はp.141）
　……25g（乾燥なら12g）
うずら豆のゆで汁……適量
B┌玉ねぎ（スライスして水にさらす）……適量
　├エストラゴン（粗みじんに刻む）……適量
　└EXVオリーブ油、リンゴ酢、塩……各適量
あんず茸……40g
C┌にんにく……1片　　タイム……1本
　└バター……10g　　塩……適量

作り方

1. カルネ・サラーダを作る（簡易式）。仔牛肉に塩20g（分量外）、砂糖5g（分量外）とAをまんべんなくすり込み、真空パックでよくなじませる。しみ出した水分を取り、細かく砕いたスパイス類をまぶす。ホイルで巻き、さらに真空パックにして数日間寝かせる。水気を拭き取り適宜な塊に切り、オリーブ油を少量（分量外）加えて真空パックに戻し、60℃のお湯でさっとゆでる。

2. ポレンタを作る。鍋にポレンタの材料全てを入れ、弱火で30分ほど煮る。

3. うずら豆をゆで汁とともに温め、ボウルでBと合わせ、ティエピダ（生温かい状態）にする。あんず茸は、Cとソテーする。

4. 皿に2、スライスした1をのせ、3を添える。

生の仔牛肉をスパイスと塩で漬け込んだものにボルロッティ（うずら豆）を添える温かいサラダ仕立ての料理で、北東部のトレンティーノ州の郷土料理です。

リボッリータ
Ribollita　白いんげん豆、野菜、パンのトスカーナ風ズッパ

材料　20人分

白いんげん豆（ゆでたもの※）……60g（乾燥なら27g）
白いんげん豆のピューレ……500g（乾燥なら225g）
（ゆでた豆を温かいうちにミキサーで撹拌しなめらかなピューレにする）
A ┌ 黒きゃべつ（ざっくり大きく切る）……5000g
　├ ちりめんきゃべつ（ざっくり大きく切る）……500g
　└ ちぢみほうれん草（ざっくり大きく切る）……200g
ソフリット※……500g
オリーブ油……少々
ローズマリー……1本
トマトソース※……70mℓ
フェンネルシード（刻む）……ひとつまみ
塩……適量
パーネトスカーノ（塩なしのパン）……適量
EXVオリーブ油……適量
ペコリーノ（できればトスカーノ産）……適量
紫玉ねぎ……適量

※豆のゆで方
豆の4倍の水に、つぶしたにんにく1片、セージ数枚、ローズマリー1本を入れ、その中に豆を一晩浸す。戻した水に水分量の0.5％の塩を加え弱火で柔らかくなるまでゆでる。

※ソフリットの作り方（作りやすい分量）
玉ねぎ……1kg
にんじん……500g
セロリ……500g
にんにく……3片
オリーブ油……90mℓ
オリーブ油を冷たい鍋に入れ、つぶしたにんにくを弱火でじっくり炒め香りを引き出す。7〜8mmに切った香味野菜を加え、ふたをし弱火のまま2時間ほどしっかり甘みを引き出すように炒める（飴色になるまでは炒めない）。

※トマトソースの作り方（作りやすい分量）
ホールトマト……1缶（1号缶）
玉ねぎ（みじん切り）……180g
にんにく（つぶす）……1片
オリーブ油……70mℓ
ローリエ（フレッシュ）……2枚
塩……少々
オリーブ油を冷たい鍋に入れ、にんにくを弱火でじっくり炒め香りを引き出す。玉ねぎを加え、うっすらと飴色になるまで炒める。ホールトマトとローリエを加え、中弱火で程よく酸味の残る程度に1時間〜1時間半煮詰め、ホイッパーで果肉分をつぶし、塩で味をととのえる。

作り方

1. 鍋にオリーブ油を薄くひき、A、ソフリット、ローズマリーを加え、ふたをして弱火で葉野菜がくたくたになるまで煮る。
2. トマトソース、白いんげん豆のピューレ、フェンネルシードを加え、さらに煮込む。葉野菜から出る水分が足りないようなら少量の水（分量外）を足す。
3. 全体がなじんだら、白いんげん豆を加え、塩で味をととのえ、一晩以上寝かせる。
4. 3から必要な分量を鍋に取り、水（分量外）を少し足し、塩で味をととのえる。厚めにスライスしたパーネトスカーノに煮汁を吸わせながら煮込む。
5. パンを取り出して器に盛り、ズッパをたっぷりかける。すりおろしたペコリーノ、EXVオリーブ油をかけ、紫玉ねぎをのせる。

トスカーナ州全域で食される、白いんげん豆と黒きゃべつなどの野菜とパンを煮込んだズッパ（パンを具に入れたり添えたりした、水分の少ないスープ）です。昔は何度も煮直して食べたことから、再び煮るという意味の料理名が付きました。ここでは白いんげん豆をゆでたものとピューレ状にしたものに分けて使います。

ミッレコセッデ
Millecosedde
カラブリア風いろいろな豆のミネストローネ

材料　10人分

白いんげん豆、うずら豆、ひよこ豆、レンズ豆（全てゆでたもの。ゆで方はp.141）……各180g（乾燥なら各82g）
豆のゆで汁……100ml
ちりめんきゃべつ（ざっくり切る）……300g
セロリの葉（ざっくり切る）……100g
ソフリット（作り方はp.141）……500g
にんにく（つぶす）……3片
とうがらし（できればカラブリア産）……2本
オリーブ油……70ml
ポルチーニ茸（200mlのぬるま湯で戻し、刻む）……3g
ショートパスタ（ここではメッツィリガトーニを使用）
　……80g
塩……適量
ペコリーノ（南イタリア産、なければロマーノ）……適量
EXVオリーブ油……適量

作り方

1. 鍋にオリーブ油、にんにく、とうがらしを入れ、弱火でじっくり香りと辛みを引き出す。ちりめんきゃべつとセロリの葉、ソフリットを加え、ふたをして野菜がしんなりするまで蒸し焼きにする。

2. 豆とその煮汁、ポルチーニ茸と戻し汁も一緒に加え煮込み、味がなじんだら塩で味をととのえる。

3. パスタを7割くらいの火通り加減までゆで、2に加え、煮汁を吸わせながらアルデンテよりやや柔らかめに煮込む。すりおろしたペコリーノを加えてよく混ぜる。

4. 3を器に盛る。上からたっぷりのペコリーノとEXVオリーブ油をかける。

南部のカラブリア州・コゼンツァの、伝統的な豆ときのこ、きゃべつ、野菜、パスタも入った食べるスープです。「ミッレコセッデ」はイタリア語で「ごちゃ混ぜ」という意味。豆は手に入るいろいろなものを混ぜて使います。

プレ・ディ・ファーヴェ・エ・チコリエッラ
Pure' di fave e cicorielle　そら豆のピューレと野草のソテー

材料　2人分

そら豆(乾燥)……40g
にんにく(つぶす)……1片
オリーブ油……適量
アンチョビ……2枚
ケール(あればチコリエッラ)……60g
塩……適量
EXVオリーブ油……適量

作り方

1. そら豆のピューレを作る。豆の量の2倍の水で戻す。0.8%の塩を加え、ごく弱火で底に当たらないように時々へらで混ぜ、形をやや残しながらも煮崩れるくらいまでゆでる。温かいうちにミキサーでなめらかなピューレ状にする。

2. 鍋を弱火にかけ、にんにくをオリーブ油で炒めて香りを引き出す。アンチョビを加え、ほぐしながら炒める。よく洗いざく切りしたケールを水気を切らないまま加えてふたをし、火を弱めてケールの水分で蒸し焼きする(必要なら少量の水〔分量外〕を加える)。

3. 別の鍋に1を取り、よく混ぜながら中火で温める。必要なら水分(分量外)を補う。EXVオリーブ油をひと回し加えて、塩で味をととのえて器に盛る。2を添えて上からEXVオリーブ油をかける。

プーリア州を中心に南イタリアでよく食される、そら豆のピューレに苦味のある冬野菜チコリエッラ(チコーリア)を添えた、定番の一皿です。ここではケールで代用しました。

カヴァテッリ・アイ・フルッティ・ディ・マーレ・コン・ファジョーリ
Cavatelli ai frutti di mare con fagioli　白いんげん豆と海の幸と合わせたカヴァテッリ

材料　2人分

- カヴァテッリ（p.147のパスタ生地の作り方参照）……40g
- 白いんげん豆（ゆでたもの。ゆで方はp.141）……25g（乾燥なら12g）
- 白いんげん豆のピューレ※……70ml
- えび……2尾
- いか……2杯
- あさり……10個
- ムール貝……4個
- プチトマト（つぶす）……4個
- レモン（搾る）……1/6個
- イタリアパセリ（粗く刻む）……適量
- にんにく（つぶす）……1片
- オリーブ油（炒め用）……適量
- EXVオリーブ油……適量

※ゆで豆を温かいうちにミキサーにかけ、なめらかなピューレにする。

白いんげん豆とカヴァテッリ（溝を掘った形のショートパスタ）と海の幸を合わせた、プーリア州の郷土料理です。

作り方

1. カヴァテッリを作る。パスタ生地（p.147参照）を小分けにして棒状に伸ばし、小指の先ほどの大きさに切り分ける。親指やナイフの腹で溝を作るように成形し、30分～1時間半乾燥させる（または冷凍する）。

2. 鍋を弱火にかけオリーブ油でにんにくを炒め、香りを引き出す。魚介類を入れて軽く炒め、プチトマト、イタリアンパセリ、少量の水（または白ワイン、分量外）を加えてふたをし、蒸し焼きにする。貝が開いたらふたを取り、白いんげん豆とレモンの搾り汁を入れて軽く煮る。

3. 別の鍋を用意し、煮汁を半分移す。具の入った鍋はふたをして保温する。

4. 3の煮汁が入った鍋に白いんげん豆のピューレを加え、少し煮てなじませる。

5. カヴァテッリをゆでて、3の具が入った鍋の中でEXVオリーブ油を注ぎ乳化するように合わせる。

6. スープ皿に4を流し、中央に5を盛ってEXVオリーブ油をかける。

チーチェリ・エ・トゥリエ・コン・バッカラ
Ciceri e trie con baccalà　ひよこ豆とトゥリエのズッパ バッカラ添え

材料　2人分

- トゥリエ※……60g
- ひよこ豆(ゆでたもの。ゆで方はp.141)……25g(乾燥なら12g)
- ひよこ豆のピューレ※……70㎖
- バッカラ(水で戻した状態)……90g
- A
  - にんにく……1片
  - レモン……1/4個
  - ローズマリー……1本
  - タイム……4〜5本
  - ローリエ……1枚
- にんにく(つぶす)……1片
- ローズマリー……1本
- オリーブ油……適量
- EXVオリーブ油……適量
- サラダ油(揚げ油)……適量

※パスタ生地の作り方(作りやすい分量)
セモリナ粉500g、ぬるま湯230㎖、塩10gをボウルに入れてよく混ぜ、ひとまとまりになったらビニール袋に入れ30分おきくらいによく練る。表面がなめらかになるまで練りを繰り返し、1時間以上休ませる。

※ゆでた豆を温かいうちにミキサーでなめらかなピューレにする。

作り方

1. トゥリエを作る。パスタ生地※をパスタマシンに縦横と数回折りたたみながら2mmくらいの厚さで伸ばす。2cm×6cmの短冊状に切り分ける。
2. バッカラの表面の汚れを拭き取り、水に浸す。毎日水を変えて4〜5日塩抜きをしながら(少し塩が強いと感じるくらいがよい)柔らかく戻す。中骨、皮を取り除き、鍋に入れ、かぶるくらいの量の水(分量外)と**A**を加え沸騰しない程度の温度でゆっくりゆで上げる。
3. **2**の身を取り出し、ゆで汁を一度沸かして澄ませ、目の細かい布で漉す。温かいうちに身をゆで汁に戻し、そのまま冷ます。
4. 鍋を弱火にかけ、オリーブ油でにんにくを炒め、香りを引き出す。ひよこ豆とひよこ豆のピューレ、**2**のバッカラとそのゆで汁、ローズマリーを加え、中火でゆっくりと温め味をなじませる(香りが回ったらローズマリーは取り出す)。
5. トゥリエの半分をゆで、残りの半分は焦げないように油で揚げる。
6. ゆでたトゥリエと**4**を合わせ器に注ぎ、揚げたトゥリエをのせ、EXVオリーブ油をかける。

南部のプーリア州やバジリカータ州で食される、最古のパスタ料理といわれる一皿。ひよこ豆を豆とピューレに分けてソースを作り、短冊状に切ったセモリナ粉のパスタを"ゆで"と"素揚げ"にし、ソースと合わせる、少し変わった仕立て。そこに地中海地方の重要な食材、バッカラ(塩だら)を添えます。

イォータ
Jota うずら豆とかぶの漬物のフリウリ風ミネストラ

材料　2人分

〈ブロヴァーダ〉
- かぶ（拍子切り）……4個　　塩……かぶの重量の2%
- ぶどうの搾りかす（なければレーズン50g）……1/2房分
- ラルド（豚の脂）……50g
- にんにく……1片　　オリーブ油……少々
- ローリエ……2枚　　クミンシード……2g
- 白ワインヴィネガー……90㎖　　水……90㎖

うずら豆（ゆでたもの。ゆで方はp.141）
　　……25g（乾燥なら12g）
燻製タイプのパンチェッタ……50g
とうもろこし粉……ひとつまみ
ホースラディッシュ……適量
EXVオリーブ油……適量

作り方

1. ブロヴァーダを作る。かぶにまんべんなく塩を振り、ぶどうの搾りかすとよく混ぜ、ワインセラーなど低温の場所に置き、時折かき混ぜながら3週間ほど自然発酵させる。程よく発酵したらぶどうの搾りかすを取り除き、水で洗い、水気を切る。

2. ラルドとにんにくをペースト状にすりつぶし、オリーブ油とローリエを加えて弱火にかける。香りが立ったら火を強め、1を加えてよく炒める。クミンシード、白ワインヴィネガーを振り、水を加えて煮る。かぶが柔らかくなりすぎない時点で火を止め、塩気と酸味を調整する。

3. 鍋でパンチェッタの脂を引き出すように炒め、2を加える。白ワイン1振り（分量外）、水適量（分量外）、うずら豆を加えて煮る。味がなじんだらとうもろこし粉を振り入れて混ぜとろみをつける。

4. 器に盛り、ホースラディッシュを削り、EXVオリーブ油をかける。

イタリア最北東のフリウリ地方の郷土料理で、ボルロッティ（うずら豆）と、フリウリ地方特産のブロヴァーダ（かぶをぶどうの搾りかすに漬けたもの）を一緒に煮込んだ、食べるスープです。

ピサレイ・エ・ファゾ
Pisarei e faso　うずら豆とピアチェンツァ風パン粉のニョッキのトマトソース煮込み

材料　2人分

〈ピサレイ　作りやすい分量〉……ここから実際に使うのは60g
　パン粉（かたくなったパンの外皮を削ったもの）……150g
　イタリア産00（ゼロゼロ）粉（中力粉程度のタンパク量のもの）……100g
　全卵……200〜220g
　卵黄……120g
　パルミジャーノ・レッジャーノ……50g
　レモンの皮……適量
　ナツメグ……適量
　シナモン……適量
　塩……5g
うずら豆（ゆでたもの。ゆで方はp.141）
　……25g（乾燥なら12g）
パンチェッタ（みじん切り）……20g
トマトソース（作り方はp.141）……70㎖
にんにく（つぶす）……1片
セージ……適量　　バター……適量
パルミジャーノ・レッジャーノ……適量

作り方

1. ピサレイを作る。ピサレイの材料を合わせてよく練り、ビニール袋に入れて1時間ほど休ませる。生地を適量取って棒状に伸ばし、うずら豆と同じくらいの大きさに切り分ける。指やナイフを使って窪みを作るように成形する。

2. にんにく、セージをバターで炒めて香りを引き出す。パンチェッタを加え、脂を引き出すようによく炒めた後、余分な脂を切る。トマトソース、うずら豆を加えて煮、ソースにうずら豆の味をなじませる。

3. 2にゆでたピサレイを入れ、パルミジャーノ・レッジャーノを加える。器に盛り、さらにパルミジャーノ・レッジャーノをかける。器に盛り、さらにパルミジャーノ・レッジャーノをかける。

エミリア=ロマーニャ州・ピアチェンツァの伝統的なパスタ料理。パン粉とチーズ、卵を練り合わせた豆粒大のニョッキ「ピサレイ」に、ボルロッティ（うずら豆）とパンチェッタをトマトソースで煮込んだものを合わせます。

パスタ・エ・ファジョーリ・コン・アニェッロ
Pasta e fagioli con agnello　白いんげん豆といろいろなパスタと仔羊肉のミネストラ

ナポリを州都とするカンパーニア州のミネストラで、白いんげん豆を豆とピューレにしてプチトマトやセロリの葉、ペコリーノチーズで仕上げるミネストラをベースに、いろいろなショートパスタを加えたパスタスープです。

材料　2人分

〈仔羊のブロード(煮汁)　作りやすい分量〉
　　仔羊肉(肩やスネなど)……2kg
　　塩、こしょう……各適量
　　水……2500㎖
　　白ワイン……500㎖
　　ローズマリー、タイム、ローリエ(束ねて縛る)……各少々
白いんげん豆(ゆでたもの。ゆで方はp.141)
　　……25g(乾燥なら12g)
白いんげん豆のピューレ※……70㎖
セロリの葉(粗みじん切り)……ひとつまみ
プチトマト(半分に切る)……3個
ショートパスタ各種(生麺でも乾麺でも可。ここではペンネ、フジッリ、ヴェルミチェッリを使用)……30g
ペコリーノ(南イタリア産、なければロマーノで)……適量
塩……適量
EXVオリーブ油……適量

※ゆでた豆を温かいうちにミキサーで攪拌し、なめらかなピューレにする。

作り方

1. 仔羊のブロードを作る。ぶつ切りにした仔羊肉に塩、こしょうをしてよくなじませ、水と白ワイン、ハーブ類を加え中火にかける。肉に串がすっと通るようになったら取り出し、煮汁を濾して肉を戻してなじませる。

2. 鍋に白いんげん豆、白いんげん豆のピューレ、1のブロード90㎖と仔羊肉ぶつ切り4個を入れて温める。全体がなじみ、肉が芯まで温まったら、セロリの葉、プチトマトを加え、軽く煮込み、塩で味をととのえる。

3. パスタは時間のかかるものから順にゆで(アルデンテの少し手前くらいまで)、2に加える。

4. 全体がなじんだら器に盛り、すりおろしたペコリーノ、EXVオリーブ油をかける。

パニッサ

Panissa うずら豆とラード漬けのサラミのヴェルチェッリ風リゾット

材料　2人分

- うずら豆（ゆでたもの。ゆで方はp.141）……25g（乾燥なら12g）
- うずら豆のゆで汁……適量
- カルナローリ米……60g
- 玉ねぎ（みじん切り）……30g
- ラード漬けサラミ（Salame de la n'duja）……20g
- パンチェッタ（1cmの角切り）……20g
- 豚の皮（1cmの角切り）……10g
- 赤ワイン（バルベーラ、グリニョリーノ、ゲンメ、ガッティナーラなど）……120ml
- 肉のブロード……適量
- トマトソース（作り方はp.141）……少々
- ローリエ……1枚　　ローズマリー……1本
- バター……10g
- パルミジャーノ・レッジャーノ……適量

作り方

1. 鍋にオリーブ油（分量外）を熱し、ローリエと玉ねぎを透き通るまでじっくり炒める。ラードを落とし厚く切ったサラミ、パンチェッタと豚の皮も加えよく炒める。赤ワインを振り入れて、ひと煮立ちしたら米を加える。肉のブロードとトマトソース、ローズマリーも加え、水分は随時水で調整しながら米に火を入れる（ローリエとローズマリーは香りが回ったら取り出す）。

2. 米に程よく歯ごたえのある程度に火が通ったら、うずら豆とそのゆで汁も加える。

3. 仕上げにバターとパルミジャーノ・レッジャーノを入れる。

> **ワンポイントアドバイス**
> 通常のリゾットと違い、最初に米を炒めません。リゾットとスープの中間くらいにさらっとした仕上がりです。

米の産地、ピエモンテ州・ヴェルチェッリの郷土料理で、いんげん豆やサラミなどとバルベーラの赤ワインで作ったリゾットです。

ファリナータ・エ・パネッレ
Farinata e Panelle　ひよこ豆粉の窯焼きとひよこ豆粉のフリット

材料　作りやすい分量

〈ひよこ豆の粉のペースト　2品共通〉
ひよこ豆の粉……300g
塩……9g
水……900㎖
EXVオリーブ油……20g

パネッレ。現地ではパンに挟む食べ方も。

ファリナータは、ひよこ豆の粉を水で溶いた生地を釜で焼いたもので、イタリア北西部リグーリア州のストリートフード。同様の生地を揚げたのが、シチリアのストリートフードとして知られるパネッレです。

作り方

1. ひよこ豆のペーストを作る。ボウルにひよこ豆の粉を入れ、ヘラなどでよく混ぜながら塩を溶いた水を少しずつ加えていき、よく練る。なめらかなペースト状になったら残りの水とEXVオリーブ油も加え、冷蔵庫で一晩休ませる。調理時は沈殿した粉をよく撹拌してから使う。

2. ファナリータを焼く。よく油のなじんだ鉄のフライパンやパイ皿などをよく熱し、1を70㎖ほど流し入れて高温のオーブンに入れる。下面に火が通り、鍋にから端が剥がれるくらいに火が入ったら裏返し、もう片方の面にも軽く焼き色を付ける（上火と下火のあるオーブンならひっくり返さなくてもよい）。熱いうちに皿に盛り、適宜切り分ける。好みでアンチョビやタジャスカオリーブなどを添える。

3. パネッレを揚げる。1を鍋に入れ、だまになったり焦げ付いたりしないようにへらで鍋底や鍋肌をなでながら中火でなめらかなペースト状に戻るまで炊く。熱いうちに型に流し入れ、よく冷やす。スライスし、小麦粉を軽く振ってサラダ油（分量外）で揚げる。軽く塩を振って熱いうちに供する。

ソパ・コアーダ・ディ・トリッパ・アッラ・トレヴィジャーナ
Sopa coada di trippa alla trevigiana トリッパ、ラディッキョ、うずら豆、パン、チーズのトレヴィーゾ風オーブン焼き

材料 2人分(トリッパは作りやすい分量)

- トリッパ(ハチノス、ギアラ)……3kg
- A ┌ 玉ねぎ、にんじん、セロリ、レモン……各適量
  │ ローリエ、ローズマリー、セージ、タイム、イタリアンパセリ(束ねて縛る)……各適量
  │ 黒こしょう、シナモン、クローブ、コリアンダー(ガーゼに包む)……各適量
  │ 白ワイン……1ℓ   水……4ℓ
  └ 塩……50g 砂糖……20g
- B ┌ ソフリット(作り方はp.141)……140mℓ
  └ 白ワイン……1振り 塩……適量
- C ┌ うずら豆(ゆでたもの。ゆで方はp.141)
  │   ……25g(乾燥なら12g)
  │ ラディッキョ(ざく切り)……50g
  │ レモンの皮(すりおろす)……適量
  └ ローリエ、ローズマリー、セージ(刻む)……各適量
- シナモン、黒こしょう、塩……各適量
- 田舎パン……4枚   アジアーゴ……30g
- グラナパダーノ(すりおろす)……適量
- バター(ちぎる)……適量

作り方

1. トリッパの下処理をする。ハチノスは2、3回湯でこぼし、ギアラは熱湯に通す。Aと一緒に鍋に入れ、中弱火でやや歯ごたえを残す程度までゆでる。ゆで上がったらバットに上げ粗熱を取る。ゆで汁は漉す。

2. 1のトリッパを大きめの拍子切りにし、鍋に入れる。Bと1のゆで汁をトリッパが浸る程度入れて煮込み、塩で味をととのえる。粗熱を取り、冷蔵庫で2、3日寝かせる。

3. 鍋に2のトリッパを適量取り、水適量(分量外)を加えてゆるい状態にのばし温める。Cを加え軽く煮込む。シナモン、黒こしょう、塩で味をととのえる。

4. 耐熱容器にバターを塗り、パンを敷き煮汁をたっぷりかけ、トリッパ、アジアーゴ、グラナパダーノをのせる。仕上げにバターを散らし180℃のオーブンで約10分焼く。

ヴェネト州・トレヴィーゾの郷土料理。トリッパとトレヴィーゾ特産のラディッキョ、トリッパの煮汁を吸わせたパンとうずら豆、チーズの重ねオーブン焼きです。

コテキーノ・エ・レンティッキエ
Cotechino e lenricchie　コテキーノとレンズ豆の煮込み

材料　1皿分

〈コテキーノ〉
豚肉（すねやばら、肩など）……1kg
A　豚の皮、豚足、耳など（ボイル済み）……100g
B┌塩……18g　　砂糖……6g
　│にんにく……少々
　│スパイス類（シナモン、ナツメグ、クローブ、アニス、
　│コリアンダー、黒こしょうなど）……各少々
　└赤ワイン……50㎖
ケーシング……1本

〈レンズ豆の煮込み〉
皮付きレンズ豆（乾燥）……500g
ソフリット（作り方はp.141）……70㎖
C┌生ハムやパンチェッタなどの切れ端（みじん切り）
　│　……30g
　│ハーブ類（ローリエ、ローズマリー、タイム、セージ、
　│イタリアンパセリなどを束ねて縛る）……各適量
　│トマトソース（作り方はp.141）……30㎖
　│赤ワイン……50㎖
　└オリーブ油……適量　　塩……適量

作り方

1. コテキーノを作る。数回湯でこぼして臭みを抜いた**A**を柔らかくなるまでゆで、ゆで汁ごと冷ます。豚肉と**A**を混ぜてミンサーで粗びきにする。ボウルに入れて氷を当て**B**を加えてよく練り、一晩置く。ケーシングに詰め、両端を縛る。

2. レンズ豆の煮込みを作る。鍋にオリーブ油を熱し、**C**をよく炒める。ソフリットとハーブ類を加えてよくなじませる。レンズ豆を加えて軽く炒め、赤ワインを振り、トマトソースと水適量（分量外）をひたひたに注ぎ、随時水分量を調整しながら味がなじむまで弱火で煮込む。少し汁気が残るくらいに仕上げる。

3. 1をつなぎ目ごとに切り分け数カ所に串や針などで穴を開け、2と一緒に煮込む。

4. 器にレンズ豆を盛り、輪切りのコテキーノをのせる。

コテキーノ（豚肉と豚の皮などで作られるサラミ）とレンズ豆の煮込み。レンズ豆をお金に見立て大晦日から新年に金運を願って食べる縁起物の料理です。

"豆喰い"のトスカーナ人のおすすめは、ピアッテッリーニ種のいんげん豆

取材・撮影　池田愛美

　古来、イタリアで食べられてきた豆といえば、そら豆、ひよこ豆、レンズ豆、グリンピース。アジアや中東が原産であるこれらの豆を特によく食べていたのは南イタリアで、今も乾燥させたそら豆は彼の地の伝統料理になくてはならない素材です。しかし、イタリア全土で最も食べられているのは、いんげん豆です。

　トマトとともに新大陸発見の副産物としてスペインがヨーロッパにもたらしたこの豆を、イタリアで最初に入手したのは16世紀のローマ教皇クレメンテ7世。献上品として受け取ったいんげん豆を、教皇は実家であるトスカーナ公国のメディチ家へと贈りました。その豆を持ってフランスへ輿入れしたのがカテリーナ・ディ・メディチです。カテリーナが持ち込んだこの豆は、「ローマ豆」などと呼ばれて広まったといわれています。

　翻ってイタリア庶民の暮らしを見れば、いんげん豆はそれまでの豆に取って代わる勢いで栽培されるようになりました。ことに白いんげん豆は、煮込むほどに柔らかくなって滋味が増します。"貧民の肉"と呼ばれるようになった所以です。

　"豆喰い"と称されるトスカーナの市場の乾物屋の店先には大きな袋に入ったさまざまな豆が並んでいます。値段は1kg当たり3〜6ユーロ程。kg単位で表示されていますが、100gでも売ってくれます。大抵は500gとか1kg買うのが普通です。

　一番人気は大粒の白いんげん豆カンネッリーニ種。一度にたくさんゆでておけば、そのまま食べることも煮込み料理に使い回すこともできます。しかし、トスカーナ人によると本当においしいのはピアッテッリーニ種だといいます。やや小粒ですが、柔らか

豆は、保存食品の店の一角で売られている。昔は街中にも豆や穀類の専門店があったが、最近はどんどん少なくなっている。

保存食品の店の一角の豆の売場。

ローマ時代から既に食べられていた豆たち。左上から時計回りに中東原産のレンズ豆、ひよこ豆。アフリカ原産の黒目豆。

新大陸発見によってもたらされた、いんげん豆たち。左上から時計回りに大粒のカンネッリーニ種、トスカーナ人がおいしいと推すピアッテッリーニ種、小粒のゾルフィーニ種、まだら模様のボルロッティ種。

ミネストラ用にあらかじめミックスされた豆。

く味わい深いとされます。ゾルフィーニ種というさらに小粒の豆は高級品で、煮崩れがほとんどなく歯ごたえがあります。赤いまだら模様のいんげん豆ボルロッティ種は煮込むと模様が消えうっすら茶色い豆になります。

レンズ豆はサイズも色もバリエーションが豊かですが、中部イタリアで作られているものは緑がかった褐色で小粒。オレンジや黒、鮮やかな緑はほとんどが輸入品です。ひよこ豆も小粒のものがイタリア産、大粒のものは輸入品と思って間違いありません。いずれにしても市場で売られているものは、防虫処理がほどこされていないので、買ったら保存は冷蔵庫が基本です。

乾燥豆を水で戻して調理するのは面倒という人には、調理済みの豆の瓶詰が人気です。水煮はもちろん、裏ごしスープや野菜と一緒に煮込んだものなど温めるだけで食べられるものが幾種類もあり、有機栽培のファーマーズマーケットでは定番の売れ筋商品となっています。健康志向の強い、特に女性にとってこうした豆食品は食生活の重要なアイテムです。

左：フィレンツェのサント・スピリト教会前の広場。下：同広場で月に一度開かれる、有機栽培農家を中心とする青空市。

左：青空市で販売されている調理済みの豆の瓶詰。右：袋詰めの豆。

イタリアの代表的な豆料理めぐり
～トスカーナはいんげん豆、プーリアはそら豆が人気～

"豆喰い"と称されるトスカーナでは、白いんげん豆が一番人気。ゆでた豆に香り高いトスカーナのオリーブオイルをかけた「ファジョーリ・アッロリオ」は肉料理の付け合わせに、また、炙ったトスカーナパンにのせてブルスケッタにします。ゆでたエビと合わせた「ファジョーリ・コン・ガンベレッティ」やオイル漬けのツナを混ぜた「ファジョーリ・コン・トンノ」も人気の前菜です。

ファジョーリ・アッロリオ

「ファジョーリ・アッルッチェッレット」は、白いんげん豆をトマト、セージとともに煮込んだもの。グリルしたサルシッチャの付け合わせに、あるいはサルシッチャ（生ソーセージ）を一緒に煮込むこともあります。ちなみにラツィオでは白いんげん豆に豚の皮を合わせて煮込む「ファジョーリ・エ・コテーケ」があり、いんげん豆には豚肉系を合わせるのが常套です。トスカーナ伝統料理に後から白いんげん豆が加わった例もあります。たとえば「リボッリータ」。今やトスカーナのトラットリアの定番料理となっていますが、もともとは中世の頃より農家で食べられていた野草やパンのごった煮で、ルネサンス以降に白いんげん豆が加わって現在の姿になりました。

ファジョーリ・アッルッチェッレット

リボッリータ

いんげん豆、ひよこ豆、レンズ豆など好みの豆で作るのが「パスタ・エ・ファジョーリ」。パスタと豆の煮込みスープで、イタリア各地に見られます。食べる時は好みでオリーブオイル、すりおろしたパルミジャーノ・レッジャーノ、黒胡椒などをかけます。プーリア南部の伝統料理では「チチェリ・エ・トリア」。小麦粉に水を加えて練った生地を薄くのばして切り分け、これをゆでたものと揚げたものをひよこ豆と合わせます。2種類の食感のパスタと豆が織りなす滋味深い一皿です。

古代ローマ時代から食べられてきたひよこ豆は、バッカラ（塩蔵鱈）との相性が抜群。ゆでたバッカラにひよこ豆を添え、オリーブオイルをかけた「バッカラ・エ・チェーチ」、バッカラを唐辛子とトマトソースで煮た「バッカラ・アッラ・リヴォルネーゼ」にひよこ豆を付け

バッカラ・エ・チェーチ

合わせとする食べ方は、ともにキリスト教で魚食が奨励された金曜日に食卓に上ります。ひよこ豆粉の生地をパンケーキ状に焼くのは南仏からリグーリア、トスカーナ海岸地方の伝統的な"おやつ"で、リグーリアでは「ファリナータ」、トスカーナでは「チェチーナ」

ファリナータ

チェチーナ

プレ・ディ・ファーヴェ

と呼びます。同じひよこ豆粉の生地を一口大に切って揚げたものはリグーリアでは「パニッサ」、シチリアでは「パネッレ」となります。

ひよこ豆と同じく古来から食べられてきたそら豆は、プーリア、カラブリア、シチリアなど南イタリアの伝統食材。「プレ・ディ・ファーヴェ」が代表的な料理で、乾燥そら豆を水で戻した後、香味野菜とともにゆで、ピュレ状にします。プーリアではこれにソテーしたチコーリア（苦みのある葉野菜）を添えます。このピュレをさらに名物のオレキエッテに和える「オレキエッテ・コン・ファーヴェ」もあります。

エミリア・ロマーニャでは、エジプトから伝わったといわれるレンズ豆がコテキーノ（豚のさまざまな部位の腸詰め）の付け合わせとして欠かせません。ゆでたレンズ豆をお金（コイン）に見立て、大晦日の晩に「コテキーノ・エ・レンティッキエ」を食べると新年はお金に困らないという言い伝えがあるのです。

コテキーノ・エ・レンティッキエ

France

フランス

フランスで主に食べられる乾燥豆は、いんげん豆とレンズ豆です。コロンブスの新大陸発見によってヨーロッパに渡ったいんげん豆は、16世紀前半、イタリアからアンリ2世の元へ嫁いだカトリーヌ・ド・メディシスによって、フランスに伝えられます。その栽培のしやすさとおいしさから、たちまちフランス中に広まり、さまざまな家庭料理や郷土料理が生まれました。

p.160〜168 **涌井勇二**（コム・ア・ラ・メゾン）
p.170〜173 **野沢健太郎**（ラ ピッチョリー ドゥ ルル）

サラド・ド・アリコ・ココ・ブラン
Salade de haricot coco blanc　白いんげん豆のサラダ

材料　4人分

白いんげん豆（アリコ・ココ・ブラン）（乾燥）……100g
豚足……1本
生ハムの脂（炒め用）……適量
　（なければオリーブ油かラード）
エシャロット（みじん切り）……小1個
にんにく（みじん切り）……1片
生ハム……少々
タイム……少々
塩、黒こしょう……各少々
ヘーゼルナッツオイル……適量
赤ワインビネガー……適量

作り方

1. 白いんげん豆を一晩水に浸す。
2. 豚足をたっぷりの水（分量外）で柔らかくなるまで約2時間ゆで、一口大に切る。
3. **1**を**2**のゆで汁で柔らかくなるまで約2時間ゆでる。皮がやぶれないように弱火で静かにゆでる。
4. フライパンに生ハムの脂を入れ、中火でにんにくとエシャロットを炒める。香りが出たら生ハムを入れ、軽く炒める。**2**、**3**とタイムも入れて混ぜ合わせ、塩と黒こしょうで味をととのえる。
5. 皿に盛り、赤ワインビネガーとヘーゼルナッツオイルを回しかける。

小粒の白いんげん豆、アリコ・ココ・ブラン

フランス南西部で食べられる温かいサラダ。豚足と生ハムの旨味で白いんげんを味わう一品です。

テリーヌ・ド・アリコ・ブラン・エ・テット・ド・コション
Terrine de haricot blanc et tête de cochon
白いんげん豆と豚の頭のテリーヌ

材料　8×30cmの型1台分

仔豚の頭……約2kg
ソミュール液
- 水……5ℓ
- 塩……1kg
- グラニュー糖……200g
- にんにく……1.5株
- タイム、ローリエ、黒こしょう……適量

白いんげん豆（アリコタルベ）（乾燥）……200g
A
- 玉ねぎ……3個
- にんじん……2本
- セロリ……2本
- にんにく……3株
- 白ワイン……200ml
- アルマニャック……100ml
- タイム、ローリエ、丁字……適量

エシャロット（みじん切り）……100g
にんにく（みじん切り）……50g
イタリアンパセリの葉……5枝分

作り方

1. 仔豚の頭をソミュール液に漬ける。ソミュール液の材料全てを鍋に入れ、ゆっくり沸騰させる。常温まで冷まし、なじんだところに仔豚の頭を入れ、3日間漬け込む。仔豚の頭を一度ゆでこぼし、あくを取る。

2. 白いんげん豆を一晩水に浸す。

3. 仔豚の頭を煮込む。鍋に**1**と**A**を入れ、とろとろになるまで約2時間煮る。煮上がったら、仔豚の頭を引き上げ、耳、鼻、頬、舌など、部位ごとに大きい塊のままほぐし、バットに並べ、温かい所に置いておく。

4. 鍋にオリーブ油（分量外）を入れ、エシャロット、にんにくを炒め、香りを出す。**3**のだしを加え、塩加減をととのえる。白いんげん豆を入れ、柔らかくなるまで煮る。

5. テリーヌ型に詰める。豚の耳、鼻、頬、舌は、それぞれ切ったときにきれいに見えるようにテリーヌ型に並べる。間に豆を敷き詰め、イタリアンパセリを散りばめる。全て入れたら、だしを流し入れ、冷蔵庫で一晩冷やし固める。

タルブ産の白いんげん豆、アリコタルベ

フランス南西部一帯で行われる豚祭りの際に作られる、豚の頭で作るテリーヌです。アリコはフランス語でいんげん豆の意味。ここでは、フランス南西部オート・ピレネーのタルブ特産の大粒の白いんげん豆、アリコタルベを使います。

アリコ・ド・ムトン
Haricot de mouton
白いんげん豆と羊肉の煮込み

材料　10人分

羊肩肉……約2kg
白いんげん豆（モジェット）（乾燥）……500g
玉ねぎ……2個
にんじん……2本
にんにく……3株
トマト……2個
白ワイン……150㎖
薄力粉……少々
バター……50g
タイム、塩、こしょう……適量
羊のだし※……900㎖（豆ゆで用500㎖＋調理用400㎖）

※羊のだしの材料（作りやすい分量）
羊の骨……1kg
A ┌ 玉ねぎ（約2cm角に切る）……2個
　├ にんじん（約2cm角に切る）……2本
　├ セロリ（約2cm角に切る）……1本
　└ ポワロー（約2cm角に切る）……1/3本（緑の部分）
にんにく……2株
トマトペースト……50g
水……4ℓ
タイム……適量
黒こしょう……10粒

フランス南西部ヴァンデ産の白い
いんげん豆、モジェット

作り方

1. 白いんげん豆を一晩水に浸す。

2. 羊のだしをとる。羊の骨は、オーブンでしっかりと焼いておく。鍋にオリーブ油をひき、Aとつぶしたにんにくを入れて炒める。ある程度炒めたら、トマトペーストを入れてさらに炒める。羊の骨を入れて水4ℓを入れる。タイム、黒こしょうを加え、味が出るまで煮る。

3. 白いんげん豆を煮る。鍋に戻した白いんげん豆、羊のだし500㎖、水500㎖（分量外）、塩、タイムを入れて、柔らかくなるまで煮る。

4. 肉を食べやすい大きさに切り、塩、こしょうをし、薄力粉をまぶす。フライパンにオリーブ油（分量外）を入れ、肉の表面に軽く焦げ目をつける。

5. 鍋にバターを入れ、玉ねぎ、にんじん、にんにくを炒める。全体に火が通ったら、白ワインとトマトを入れる。さらに4、羊のだし400㎖も入れる。

6. 5を鍋ごとオーブンに入れ、約170℃で約1時間煮込む。50分ほどたったところで、3を入れ、さらに煮込む。豆が煮汁を吸って味がなじんだら出来上がり。

フランス全土で食べられる伝統的な料理です。朝、鍋に材料を入れ、暖を取り終えた後の暖炉に鍋を入れ、一日仕事を終えて家に戻ると出来上がっているという、昔ながらの作り方もあります。

スープ・ド・ガルビュール
Soupe de garbure
白いんげん豆ときゃべつと生ハムのスープ

材料　10人分

A ─ 生ハムの肉……300g
　├ 生ハムの脂……300g
　├ 生ハムの骨（あれば）……1本
　└ 水……3ℓ
白いんげん豆（アリコタルベ）（乾燥）……300g
じゃがいも（約1cm角に切る）……300g
根セロリ（約1cm角に切る）……1/4個
ポワロー（約1cm角に切る）……1/4本
かぶ（約1cm角に切る）……3玉
ちりめんきゃべつ（約1cm角に切る）……大1/2個
鴨の脂（あれば）……大さじ1
にんにく……1片
ピマン・デスプレット……適量

作り方

1. 生ハムのだしをとる。寸胴鍋にAを入れ、約3時間かけてゆっくりとだしをとる。裏ごしして液体だけにする。

2. 1に（水で戻さずに）乾燥したままの白いんげん豆を入れ、約2時間弱火で煮る。

3. 2に根セロリ、じゃがいも、かぶ、ちりめんきゃべつとポワローの順に時間差で入れ、強火でふたをせずに合計1時間ほど煮る。スープが白濁してくる。

4. 食べる直前にスープを温め、鴨の脂とにんにくをフードプロセッサーでピューレ状にしたものを入れて溶かし込む。最後にピマン・デスプレットを振りかける。

> 🫘 ワンポイントアドバイス
> 生ハムがない場合は、豚ばら肉の塩漬けで代用しましょう。ベーコンを使うと燻製香で風味が変わってしまいます。

バスク料理に欠かせない、エスプレット村特産のとうがらし「ピマン・デスプレット」

店の壁に掛かる、エスプレット産のとうがらしを糸でつないで乾燥させたもの

フランス南西部の伝統的な家庭料理で、白いんげん豆、ちりめんきゃべつなどのたくさんの野菜を生ハムのだしで煮込んだスープです。これは、具材が乳化した白濁タイプのスープですが、各家庭でさまざまな作り方があります。スープの上に鴨のコンフィや豚肉のコンフィをのせると、メインの一皿となります。

サラド・ド・ランティーユ
Salade de lentilles レンズ豆のサラダ

材料　2人分
- 皮付きレンズ豆（ル・ピュイ）（乾燥）……100g
- 玉ねぎ……1/3個
- にんじん……1/3本
- ベーコン……50g
- パセリ（みじん切り）……50g
- マスタード……大さじ1

〈ドレッシング　作りやすい分量〉
- ピュアオリーブ油……大さじ3
- マスタード……大さじ1
- エシャロット（みじん切り）……大さじ1
- 赤ワインビネガー……大さじ1
- 塩、こしょう……少々

ピュイ産のレンズ豆。小粒で身が詰まったぷりぷりした食感はピュイ産ならでは

作り方
1. レンズ豆を、たっぷりの湯（分量外）に塩（分量外）を入れて、柔らかくゆでる（30分程度）。
2. 玉ねぎ、にんじん、ベーコンは、レンズ豆と同じ大きさのさいの目に切り、たっぷりのお湯で数分ゆでる。
3. ボールに1、2、ドレッシング大さじ4、マスタード、パセリを入れて、混ぜ合わせ、塩、こしょうで味をととのえる。

※ドレッシングの作り方
ドレッシングの材料全てをバーミックスなどを使ってよくかき混ぜる。食べる直前に作るよりも1日以上置いた方が味がなじむ。冷蔵庫で数カ月は保存できる。

💡 ワンポイントアドバイス
野菜やベーコンをレンズ豆と同じ大きさに切ることで、食べたときに一体感が出ます。

ゆでたレンズ豆を野菜とあえた、さっぱりしたサラダです。朝、昼、晩を問わず、フランス全土で食べられます。

ピレネー山麓の街で毎年開催される
南西部伝統のスープ、ガルビュールのコンクール

　ガルビュールは、フランス南西部、ベアルン地方が発祥の伝統的なスープです。きゃべつ、にんじん、かぶ、ねぎ、じゃがいも、いんげん豆などを、フランス南西部の特産品である鴨のコンフィや生ハムのだしで煮込んだ家庭料理で、何世紀のもの間、ピレネー山麓の農民の間で食べられてきました。朝に大鍋で作って食べ、鍋をストーブにかけて農作業に出て、お昼に戻って食べ、夜はよく煮込まれたところを食べるというように一日中食べられたそうです。隣のバスク地方の料理としても定着しつつあり、これでその店の味が分かるともいわれます。

　そんなガルビュールを広めるため、1993年以来、毎年9月の最初の週末に、ガルビュールの味を競うコンクール「Garburade（ガルビュラーダ）」がベアルン地方の街、オロロン・サント・マリーで開催されています。地元の有志30チームほどが集まって、朝に配られた材料を使って、何時間もかけてスープを作り、味を競います。夜には1500人もの人たちがガルビュールを食べに集まります。

コンクールを記念して毎年お土産用に柄を変えたスープ皿が販売される。「コム・ア・ラ・メゾン」は毎年コレクションし、その皿にガルビュールを注いで提供している。（左上から時計回りに）第1回目の大会が開催された1993年の皿。南西部を代表するワイン、シャトー・モンテュスが描かれた2001年の皿、熊のお母さんがガルビュールを作っている図柄の2011年の皿、ツール・ド・フランスが描かれた2013年の皿。

サント・マリー大聖堂で行われた「ガルビュラーダ」の様子。© Garburade à Oloron-Sainte-Marie, by Jean Michel Etchecolonea

3地域がカスレの本家本元を主張

伝統的なカソルの器で提供される、カルカソンヌのカスレ。
© by BrokenSphere

　カスレ（cassoulet）は、フランス南西部、ラングドック地方の郷土料理。白インゲン豆を羊、鴨、豚肉などと一緒に煮込む料理で、オック語でカソル（cassolle）と呼ばれる陶製の鍋に入れてオーブンで蒸し煮して作られるため、この名前がついたといわれます。地方や家庭によって作り方が異なりますが、有名なのが、カステルーノダリとカルカソンヌとトゥールーズのもので、それぞれが本家本元をうたってます。

　カステルノーダリのカスレは、豚の腰肉やすね肉、生ハム、鴨のコンフィを入れます。カルカソンヌのカスレは、羊のもも肉や肩肉で作り、季節によってはしゃこを加えます。トゥールーズのカスレは、香辛料のきいたトゥールーズ風ソーセージ、鴨やがちょうのコンフィを入れるのが基本です。そしていずれのカスレにも白いんげん豆が入ります。新大陸からいんげん豆がもたらされる前は、そら豆を使って作られていました。

いんげん豆をフランスにもたらした
カトリーヌ・ド・メディシス

　カトリーヌ・ド・メディシスは1519年、フィレンツェのメディチ家に生まれました。生後数カ月で両親を失ったカトリーヌは、叔父である教皇クレメンス7世の保護のもとに育ちます。1533年、カトリーヌは、教皇の政略により、フランスのアンリ2世と結婚します。このとき教皇がいんげん豆を持たせたとも、クレメンス7世の息子であるアレッサンドロ・デ・メディチが嫁いだ妹にいんげん豆の種を送ったともいわれています。そして美食家である彼女に従って来た料理人や菓子職人が、現在のフランス料理やフランス菓子の基礎を築いたのです。

王妃時代のカトリーヌ・ド・メディシス。

カスレ
Cassoulet
白いんげん豆と肉の煮込み

材料　4人分

白いんげん豆（乾燥）……200g
豚肩ロース（3cm角に切る）……600g
マリネ用の塩……6g（肉の1％）
豚足（半割）……1本
豚皮……150g
玉ねぎ（みじん切り）……1個
白ワイン……200ml
ブイヨン……1.2ℓ
タイム、ローリエ……各適量
黒こしょう（ひき割り）……適量
フォワグラ油（鴨もも肉のコンフィ油で代用可）……15g
トマト（粗みじん切り）……1個
トマトペースト……15g
にんにく（つぶす）……90g
小麦粉……適量
ブイヨン……1.2ℓ

〈鴨もも肉のコンフィ〉
鴨もも肉（骨付き）……2本
塩……鴨もも肉の重量の1.4％
にんにく（スライス）……4枚
タイム、こしょう……各適量
ローリエ（1枚を4割）……1枚
ラードまたはフォワグラ油……鴨もも肉が浸る量

〈粗びきソーセージ　約4本分〉
A ┬ 豚肩ロース……150g
　├ 豚のど肉……150g
　├ キャトルエピス……1.5g
　├ にんにく（すりおろし）……0.5g
　└ 黒こしょう……1.2g
豚耳……22g
豚背脂（0.5cm角に切る）……45g
松の実（ローストして冷やしておく）……15g
玉ねぎ（みじん切りししんなりするまで炒めて冷やす）
　……75g
パン粉……3g
豚腸……1/3　3本
ソミュール液※……約1ℓ
※ソミュール液の作り方（作りやすい量）
水1ℓ、塩90gと玉ねぎ、セロリ、にんじんなどの香味野菜適量を沸騰させた後、冷やす。

白いんげん豆と豚肉や鴨肉などを一緒に煮込んだ、フランス南西部の郷土料理。地方ごとにさまざまレシピがあります。ここではラ ピッチョリー ドゥ ルルの定番の、豚のさまざまな部位とソーセージ、鴨のコンフィが入った、カステルノーダリのカスレを紹介します。

〈鴨のコンフィの作り方〉

1. 鴨もも肉の両面に塩、こしょう、にんにく、タイム、ローリエを付け1日漬け込む。
2. ラードまたはフォワグラ油に浸し、オーブンを80℃に保ち、串を刺してすっと入るくらいまで4～5時間加熱する。

〈粗挽きソーセージの作り方〉

1. **A**を混ぜ合わせ1日漬込みミンサーで挽肉にする。
2. 豚耳をソミュール液に3日間漬込み、串が通るまで煮込む。冷まして0.5cm角に切る。
3. **1**、**2**、豚背脂をボールに入れ粘りが出るまで混ぜ合わせる。
4. **3**に松の実、玉ねぎ、パン粉を加えてよく混ぜる。豚腸に詰め、ソーセージに仕上げる

作り方

1. 豚肩ロースに塩をまぶし1日置く。白いんげん豆は水に一晩浸す。
2. **1**の豚肩ロースの表面の水分を拭き取り、小麦粉をまぶす。余分な粉を落とし、熱したフライパンで表面に焦げ目をしっかり付ける。
3. 大きめの鍋にフォワグラ油、にんにくを入れ、火にかける。じっくり火入れし、にんにくが色付いてきたら玉ねぎを加えて炒める。トマトペーストを加えてさらに炒めたら白ワイン、ブイヨンを加え沸騰させる。豚肩ロース、豚皮、豚足、トマトを入れ、あくを取りながら再度沸騰させる。タイム、ローリエ、黒こしょうを加え、1時間～1時間半弱火で煮込む。
4. 豚皮、豚肩ロースに串がすっと入ったらバットに移し、豚皮をマッチ棒サイズにカットする。豚足の爪の近くの肉の部分に串を刺して硬さを確認してバットに移し、骨を取り除く。
5. **1**のいんげん豆を、塩ひとつまみ（分量外）入れた水で水から沸かし、沸騰したら塩、タイム、ローリエ（各適量、分量外）、にんにく1/2片（分量外）を加え、弱火で約30分煮込む。かたさを確認したら、**3**の煮汁（肉類は取り出し済）に移し、いんげん豆が柔らかくなるまで煮込む。
6. **4**の各部位、鴨もも肉のコンフィ、粗びきソーセージ、**5**をカソールまたは土鍋に入れ、220℃のオーブンで15～20分焼く。

スープ・オ・ピストゥ

Soupe au pistou　白いんげん豆と野菜のスープ バジルソース添え

材料　4人分

白いんげん豆（乾燥）……20g
玉ねぎ……40g
にんじん……35g
セロリ……35g
ズッキーニ……30g
パプリカ……30g
トマト……15g
　　　　　　　┘1.5cm角に切る
ショートパスタ……適量
パルメザンチーズ……適量
ブイヨン……350mℓ
にんにく（みじん切り）……少々
〈ピストゥソース〉
バジル……3パック
にんにく（すりおろし）……1片
オリーブ油……150mℓ

作り方

1. 白いんげん豆は、一晩水に浸し、ゆでる。
2. ショートパスタは、あらかじめゆでておく。
3. ピストゥーソースを作る。バジルは茎を外し、にんにく、オリーブ油と一緒にミキサーで撹拌する。
4. 鍋にオリーブ油15g（分量外）をひき、にんにくを炒め、香りが出たらブイヨンを加え沸騰させる。1とトマト以外の野菜を加え、柔らかくなるまで煮る。
5. トマト、2のショートパスタ、ピストゥーソース、チーズを加え軽く煮る。スープ皿に盛り付け、上からチーズを振りかける。

フランス南部プロヴァンス地方の郷土料理。豆と夏野菜の実だくさんのスープに、ピストゥーソースをかけて頂きます。温かくしても冷たくしてもおいしく食べられます。

プティサレ・パレ・オゥ・ランティーユ
Petit salé panée aux lentilles　豚肉の香草パン粉付け焼き レンズ豆添え

材料　4人分

〈プティサレ〉
豚ばら肉……800g
にんにく(1片を半分に切る)……3片
ソミュール液(p.171の作り方参照)……約1ℓ
A ― 白ワイン、水、ブイヨン……各1.5ℓずつ
B ┌ 玉ねぎ、セロリ、にんじんなどの香味野菜、ローリエ
　　　……各適量
　 └ 黒こしょう(粗めにつぶす)……適量
フレンチマスタード……適量　　香草パン粉※……適量

〈レンズ豆の煮込み〉
レンズ豆(乾燥)……80g　　　にんにく……1 1/2片
タイム、ローリエ……各適量　　フォワグラ油……10g
C ┌ ベーコン、玉ねぎ……20g
　 └ にんじん、セロリ……15g ┐ 0.5cm角に切る
ブイヨン……100㎖

[飾り]
パセリ(刻む)……適量

※パン粉、パセリ、少量のガーリックオイルをフードプロセッサーにかけたもの。

作り方

1. プティサレを作る。豚ばら肉の6カ所に切れ目を入れてにんにくを詰め、ソミュール液に3日間漬け込む。鍋に豚ばら肉とAを入れて沸騰させる。Bを加え、串がすっと入るまで弱火で煮込む。鍋から豚ばら肉を取り出し、煮汁を漉す。漉した煮汁に豚ばら肉を戻し冷ます。

2. レンズ豆の煮込みを作る。鍋に1の煮汁を適量取り、レンズ豆、にんにく1/2片、タイムとローリエを入れて10〜12分下ゆでする。フライパンにフォワグラ油をひき、つぶしたにんにく1片を入れて焦げ目を付け、Cを加えて軽く炒める。ブイヨン、タイム、ローリエを加え煮込む。野菜が柔らかくなったら塩、こしょう(分量外)で味をととのえ、レンズ豆を加えて軽く煮込む。

3. 1を1人前の大きさに切り、煮汁と一緒に加熱する。温まったら取り出して煮汁を拭き取り、フライパンで表面に焦げ目を付ける。フレンチマスタードを表面に塗り、香草パン粉を万遍なく付け、オーブンでパン粉に焼き目を付ける。

4. 皿に2を取り、3をのせ、パセリを振る。

Hungary

ハンガリー

ハンガリー料理は、祖先である遊牧民の食文化や16世紀のオスマントルコ統治下でのイスラムの食文化、17世紀後半、オーストリアのハプスブルク家の統治下を経て、独自の洗練された調理技術と豊かな食文化を育んできました。その特徴として、パプリカやサワークリームを多用することや、とろみのついたスープが多いことが挙げられます。こうした特徴は、豆を使った料理にも共通するものです。

p.174〜184　ジュリナ・ジョルジュ（アズ・フィノム）

エチェテシュ・レンチェ・シャラータ
Ecetes lencse saláta　レンズ豆のサラダ

材料　4人分

皮付きレンズ豆（乾燥）……400g
ローリエ……4枚
塩……適量
赤・黄パプリカ（5mm角に切る）……各1個
紫玉ねぎ（5mm角に切る）……2個
パセリ（みじん切り）……大さじ1
A ┌ 水……300mℓ
　├ 砂糖……大さじ1
　├ マスタード……大さじ1
　├ 白こしょう……適量
　└ 米酢……大さじ3

作り方

1. 鍋にレンズ豆、水（レンズ豆の約2倍、分量外）、塩、ローリエ、米酢を入れて30分ほど煮た後、冷やす。
2. 水気を切ったレンズ豆とパプリカ、紫玉ねぎ、パセリをボウルに入れ、**A**を加えてよく混ぜ合わせる。
3. 冷蔵庫で2時間程度冷やし、器に盛り付ける。

レンズ豆とパプリカや紫玉ねぎをビネガーであえた、さっぱりした味わいの冷たいサラダです。前菜やステーキに添えるなどしてよく食されます。

パラディチョムシュ・バブ・シャラータ
Paradicsomos bab saláta 　金時豆のトマト味サラダ

材料　4人分

金時豆（乾燥）……300g
ローリエ……3枚
塩……適量
紫玉ねぎ（スライス）……1個
赤パプリカ（みじん切り）……1個
バジルの葉（みじん切り）……1枚
トマトソース（市販の缶詰）……300㎖
[飾り用]
黄パプリカ、プチトマト、パセリ……適宜

作り方

1. 金時豆は一晩水に浸す。
2. 金時豆にローリエと塩を加えてなじませ、600㎖（分量外）の水で40分ほどゆで、水を切る。
3. ボウルに2と紫玉ねぎ、赤パプリカ、バジルの葉を入れ、トマトソースを加えて混ぜる。
4. 冷蔵庫で2時間程度冷やし、器に盛り付ける。黄パプリカ、プチトマト、パセリを飾る。

金時豆と紫玉ねぎ、パプリカを使ったトマト味の冷たいサラダです。夏のグリルパーティなどでよく食されます。

シャールガボロショ・フーゼレック
Sárgaborsó főzelék　イエロースプリットピーのスープ

材料　4人分
- イエロースプリットピー（黄えんどうの皮なし・半割り）……400g
- 水……400㎖
- 塩……適量
- 砂糖……大さじ1
- マスタード……大さじ1
- ローリエ……3枚

[トッピング]
- 卵（目玉焼きにする）……4個

作り方
1. 鍋に材料全てを入れて中火で30分煮る。
2. ローリエを取り除き、ミキサーで約10秒撹拌する。
3. 鍋に戻して温める。
4. 皿に盛り、目玉焼きをのせる。

イエロースプリットピー
（黄えんどうの皮をむき半分に割ったもの）

黄えんどうのどろっとしたスープです。フーゼレックとは、豆や野菜（通常は1種類）をとろみを付けて煮込んだもので、ハンガリー料理の一つのジャンルとなってます。ソーセージや目玉焼きなどを好みでのせ、家庭ではメインディッシュとして食べられます。乾燥えんどうを使ったスープは、中欧・北欧の国々やイギリス、オランダでも古くから食べられてきた家庭料理です。

ヨーカイ・バブレヴェシュ

Jókai bableves
ヨーカイ 豆のスープ

材料　4人分

虎豆（乾燥）……300g
にんじん（1cm角に切る）……大1本
セロリ（1cm角に切る）……200g
コールラビ（1cm角に切る）……200g
牛たんの燻製（1cm角に切る）……200g
豚肩ロースの燻製（1cm角に切る）……200g
ソーセージ（3mmの厚さに切る）……100g
ローリエ……3枚
[とろみづけルウ]
　玉ねぎ（みじん切り）……1個
　サラダ油……100㎖
　小麦粉……大さじ4
　パプリカパウダー……大さじ1
　サワークリーム……200g
塩……適量
こしょう……適量
[トッピング]
サワークリーム（好みで）……1人当たり大さじ1
パセリ……適宜

作り方

1. 虎豆は一晩水に浸す。

2. 水1ℓ（分量外）に虎豆とにんじん、セロリ、コールラビ、牛たんの燻製、豚肩ロースの燻製、ソーセージ、ローリエを入れ、約1時間ほど虎豆が柔らかくなるまで煮る。

3. 別の鍋にサラダ油をひいて玉ねぎを炒め、小麦粉を入れてさらに10分ほど炒める。パプリカパウダーとサワークリーム、水200㎖（分量外）を加えてよく混ぜる。

4. **3**を**2**に入れて煮る。塩、こしょうで味をととのえる。

5. 皿に盛り、サワークリーム、パセリをのせる。

いんげん豆と燻製肉、ソーセージ、野菜などをパプリカパウダーとサワークリームで煮込んだスープで、冬に食べる料理です。ハンガリーの国民的作家、ヨーカイ・モールが好んだことから、この名前が付いています。

バブレヴェシュ
Bableves　虎豆とにんじんのスープ

材料　4人分

虎豆（乾燥）……500g
にんじん……中2本
コールラビ……1/2個
ソーセージ……100g
ローリエ……適量
[とろみづけルウ]
　玉ねぎ（みじん切り）……1個
　小麦粉……大さじ4
　パプリカパウダー……大さじ1
　サワークリーム……200g
塩……適量
こしょう……適量

作り方

1. 虎豆は一晩水に浸しておく
2. 鍋に水1ℓ（分量外）、虎豆、にんじん、コールラビ、ソーセージ、ローリエを入れて豆が柔らかくなるまで1時間ほど煮る。
3. 鍋にサラダ油をひいて玉ねぎを炒め、小麦粉を加えてさらに炒める。火を止め、パプリカパウダー、サワークリーム、水2ℓ（分量外）を入れてよく混ぜる。
4. 3を2に入れて1分ほど煮立たせ、塩、こしょうで味をととのえる。

いんげん豆と野菜を、パプリカパウダーとサワークリームで煮込んだスープです。Bablevesはハンガリー語で豆のスープの意味（bab=豆、leves=スープ）。こうした言葉があるほど、ハンガリーには豆を使ったスープが数多くあり、日常的に食べられています。

レンチェ・レヴェシュ・コルバーサル
Lencse leves kolbásszal　レンズ豆とウインナーソーセージのスープ

材料　4人分

皮付きレンズ豆（乾燥）……300ｇ
にんじん（5㎜角に切る）……中2本
ローリエ……3枚
塩……適量
ウインナーソーセージ（3㎜の厚さに切る）……200g
パプリカパウダー……大さじ1
水……1200㎖
A ┌ サラダ油……100㎖
　├ 小麦粉……大さじ5
　├ サワークリーム……大さじ1
　└ 水……200㎖
［トッピング］
サワークリーム、パセリ……適宜

作り方

1. 鍋に水1200㎖、レンズ豆、にんじん、ローリエ、塩を入れ、レンズ豆が柔らかくなるまで20～30分煮る。ウインナーソーセージとパプリカパウダーを加える。

2. Aを混ぜたものを1に入れてかき混ぜ、1分ほど煮る。

3. 皿に盛り、サワークリーム、パセリをのせる。

レンズ豆とにんじんとウインナーソーセージのパプリカ風味のスープです。

カーポスタシュ・バブ

Káposztás bab
白いんげん豆とザワークラウトのスープ

材料　4人分

白いんげん豆（乾燥）……400g
鴨の胸肉の燻製……200g
ザワークラウト（市販品）……400g
塩……適量
ローリエ……3枚
水……1300mℓ
サワークリーム……300g
小麦粉……100g
牛乳（好みで）……適量

作り方

1. 白いんげん豆は一晩水に浸す。
2. 鍋に水1300mℓ、白いんげん豆、肉、ザワークラウト、塩、ローリエを入れ、40分ほど煮る。
3. 豆が柔らかくなったら、サワークリームと小麦粉を合わせたものを**2**に入れてとろみをつける。
4. 好みで牛乳を加えるとマイルドな仕上がりになる。

ワンポイントアドバイス
出来立てを食べるのはもちろん、冷やして食べてもおいしいです。

白いんげん豆とザワークラフトとあひるの燻製で作るハンガリー東部・サボルチ地方の伝統的なスープです。ここではあひるの燻製の代わりに鴨の胸肉の燻製を使います。

レンチェ・フーゼレック Lencse főzelék 正月に食べる レンズ豆のスープ

材料　4人分

皮付きレンズ豆(乾燥)……500g
ローリエ……4枚
にんにく……2片
マスタード……大さじ1
水……400㎖
砂糖……大さじ2
サラダ油……大さじ5
ウインナーソーセージ……4本 (好みの本数)

作り方

1. 鍋に水 400㎖とレンズ豆、ローリエ、にんにく、マスタードを入れて30分ほど煮る。
2. 別の鍋に砂糖を入れて火にかけ、溶けたらサラダ油を入れて炒め、水 300㎖(分量外)を加えてよく混ぜ、1の鍋に入れて1分煮る。
3. 皿に盛り、焼いたウインナーソーセージをのせる。

お正月に食べる、レンズ豆のスープです。ハンガリーには、レンズ豆をお金に見立て、元旦にレンズ豆を食べると、金運がよくなるという言い伝えがあります。独身男性や独身女性のいる家庭ではアーモンドを1粒入れて煮、その1個に当たった人は、その年のうちに結婚できるといわれています。

Part5 アジア
Asia

India
インド

インドは世界一の豆の生産国で、ひよこ豆、木豆（ツールダール）、緑豆（ムングダール）、ケツルアズキ（ウラドダール）、レンズ豆、いんげん豆、えんどうなど、世界の主な食用豆類のほとんどが栽培されています。ヒンドゥ教の不殺生思想によりベジタリアンが多いこともあり、豆を使った多様な料理が発達してきました。地方によりさまざまな豆の食べ方がされていますが、ここでは南インド料理を紹介します。

p.186〜193、p.218　**ゴパラクリシュナン・ヴェヌゴパル**
（ヴェヌス サウス インディアン ダイニング）

> **ダールとは**
> ダールまたはダルとは、ヒンドゥー語で1.豆の総称、2.半割り（ひき割り、二つ割り）にした豆、3.半割りにした豆を煮込んだ料理のこと、の3つの意味があります。

ワダ
Vada　豆粉のドーナツ

材料　20個分

ウラドダール（皮なしケツルアズキ・半割り）……250g
玉ねぎ（みじん切り）……187.5g
グリーンチリ（小さくカット）……2個
しょうが（みじん切り）……12.5g
クミンシード……1.3g
塩……適量

作り方

1. ウラドダールを洗い、2時間ほど水に浸す。
2. 1の水気を切って、ミキサーでペースト状にする。
3. 玉ねぎ、グリーンチリ、しょうが、クミンシード、塩を加え、手でよく混ぜ合わせる。手の平の上でドーナツの形にして、180℃の油で3分ほど揚げる。

ウラドダール
（皮なしケツルアズキ・半割り）

ウラドダールをペースト状にし、ドーナツのように成形して揚げたものです。南インドの軽食（ティファン）の一つです。

ミックス・バジ   Mix bhaji   ひよこ豆粉の野菜のフリッター

材料　20個分

[バッター液]
ベサン（ひよこ豆粉）……100g
米粉……50g
チリパウダー……5g
重曹……2つまみ
[具材]
野菜（玉ねぎ、ピーマン、なす、じゃがいもなど）……適量
サラダ油（揚げ油）……適量

作り方

1. バッター液を作る。材料全てを混ぜ合わせ、適量の水（分量外）で溶く。
2. 野菜を数mm程度に薄くスライスする。1にくぐらせ、180℃の油で2〜3分揚げる。

🫘 ワンポイントアドバイス
バッター液の水の量は、天ぷらよりもややかために目安です。

バジとは、スパイシーな野菜のフリッターのことです。ひよこ豆と米粉を使ったバッター液に重曹を入れることで、ぷっくりとふくらんだ形のよいフリッターになります。

イドリー　Idly　豆粉と米粉の蒸しパン

材料　12個分

ウラドダール(皮なしケツルアズキ・半割り)……60g
インド米……200g
メティシード(フェヌグリーク)……1g
塩……適量

作り方

1. ウラドダールとインド米を洗って、メティシードを加え、一晩水に浸す。
2. 1をミキサーでなめらかなペーストにする。塩を加え、手でよく混ぜ、夏季は半日、冬季は丸一日外に出したまま発酵させる。
3. 2の生地を、イドリー専用の蒸し器で蒸し上げる。
4. 皿に盛り、サンバルとココナッツチャトニをつけて食べる。

ウラドダールの粉と米の粉を使った生地を発酵させて焼いたものです。南インドの朝食や軽食(ティファン)の定番です。

ドーサ Dosa 豆粉と米粉のクレープ

材料　12枚分
ウラドダール（皮なしケツルアズキ・半割り）……50g
インド米……200g
メティシード（フェヌグリーク）……1g
塩……適量

作り方
1. ウラドダール、インド米を洗って、メティシードを加え、一晩水に浸す。
2. 1をミキサーでなめらかなペーストにする。塩を加え、手でよく混ぜ、夏季は半日、冬季は丸一日外に出したまま発酵させる。
3. 2の生地を、熱した鉄板に楕円を描くように薄くのばして焼く。
4. 皿に盛り、サンバルとココナッツチャトニをつけて食べる。

🌱 ワンポイントアドバイス
片面だけをパリッと焼きます。できるだけ薄く仕上げます。

ウラドダールの粉と米の粉を使った、イドリーと同じ生地を発酵させて焼いたものです。南インドの朝食や軽食（ティファン）の定番です。

ダル・タルカ Dal tadka イエロームングダールのカレー

材料　4人分

イエロームングダール（皮なし緑豆・半割り）……100g
A ┌ ターメリックパウダー……ひとつまみ
　├ ホールトマト……100g
　├ グリーンチリ（みじん切り）……2個
　├ 玉ねぎ（みじん切り）……10g
　└ しょうが（みじん切り）……1片
サラダ油……大さじ1
マスタードシード……ひとつまみ
クミンシード……ひとつまみ
ホールチリ……3本
ウラドダール……ひとつまみ
カレーリーフ……10枚
にんにく（みじん切り）……3片
ギー……大さじ1/2

イエロームングダール
（皮なし緑豆・半割り）

作り方

1. イエロームングダールを洗って鍋に入れ、水800㎖（分量外）とAを加えて豆が煮くずれるまで煮る（煮立ったら弱火にして20分程度）。

2. フライパンにサラダ油を熱し、マスタードシード、クミンシード、ホールチリ、ウラドダール、カレーリーフ、にんにくの順に炒める。にんにくがきつね色になったら、1の中に入れる。

3. 仕上げにギーを加える。

インドの定番食ともいえる半割り豆のカレーです。タルカ（テンパリングともいう）とは、温めた油にスパイスの香りを移し、その香味油をカレーにかけて仕上げる調理法のことをいいます。

チャナマサラ
Chana masala
ひよこ豆のカレー

材料　2人分

- ひよこ豆……100g
- サラダ油……大さじ2
- クミンシード……大さじ1
- 玉ねぎ(みじん切り)……150g
- にんにくしょうがペースト※……大さじ2
- A
  - チリパウダー……大さじ1
  - ターメリックパウダー……大さじ1/2
  - コリアンダーパウダー……大さじ1
  - ホールトマト(缶)……200g
  - 塩……適量
- カスリメティ……大さじ1
- クミンパウダー……大さじ1
- チャナマサラパウダー(あれば)……大さじ1

※同量のにんにくとしょうがを水でペーストにしたもの

作り方

1. ひよこ豆を洗って一晩水に浸し、水400〜500㎖(分量外)で柔らかくゆでる。
2. 鍋にサラダ油を熱してクミンシードを入れ、パチパチと弾けたら、玉ねぎを入れて炒める。
3. 玉ねぎがしんなりとしてきたら、にんにくしょうがペーストとAを入れ、強火でかき混ぜながら2〜3分で煮込む。
4. 油が浮いてきたら**1**をゆで汁ごと加え、カスリメティ、クミンパウダー、チャナマサラパウダーを入れ、軽く煮る。

ひよこ豆を煮込んだ、汁気の少ないカレーです。インド北西部のパンジャブ地方で生まれた、古くからある菜食料理です。

左：色とりどりのスパイスが並ぶオールドデリーの市場。この一角に豆屋もある。右：8年前からここで商売を続けるマノージさん。

市場に道端に豆屋が並ぶ
半割り・皮なしと形変われば
呼び名も変わる

取材・撮影　金子ひとみ

道端で店開きする豆屋。

　むせかえるほど山盛りの香辛料が並ぶインド・オールドデリーの通称スパイス通り。その奥にカラフルな豆（ヒンディー語で「ダール」は豆類の総称）を並べた露店が軒を連ねています。麻袋に入った大量の豆を運ぶ日に焼けた男たち。インドでは崇拝の対象となっている牛たちも、ここでは一生懸命、荷車を引く労働力です。

　8年前からここで商売を続けるマノージさんは、約40種類の豆を扱っています。「豆は国内各地から仕入れているよ。チャナ（ひよこ豆）やマスール（レンズ豆）がよく売れるね。いろいろな種類の豆を5キロ以上ずつ買っていく人も多いよ」

　店先には、見慣れた丸い豆だけでなく、あらかじめ皮がむかれたものや半分に割られたものも並びます。インドでは、同じ豆でも、皮があるかどうか、半分に割られているかどうかで呼び名が違います。バラエティ豊かな豆文化を持つインドならではの特徴です。

上：同じウラド豆（ケツルアズキ）でも呼び名が変わる。（左から）全粒皮付きのウラドサーブト、半割りのウラドチルカー、皮なしのウラドドゥリー。中左：マノージさんの扱う豆の中で最も高級な、ウラドチルカー。1kg160ルピー（約256円）。中右：さまざまな豆があらかじめブレンドされたもの。下左：カーラーチャナ（黒ひよこ豆）。下右：カーラーチャナを半割りにしたチャナダール。

ひよこ豆の粉、ベサンが
揚げ物にスイーツに大活躍

　インドにはチャナダール（半割りのひよこ豆）をひいた調理用の粉、ベサンがあります。スーパーなどでは袋入りのものが簡単に手に入りますが、その場でひいてくれる店もあります。巨大な機械に豆を入れ、スイッチを押すと、一瞬でクリーム色の温かい粉へと変身するのです。

　ベサンは、団子やケーキなどのお菓子や、水で溶いた粉を野菜やチーズ、肉、魚などにつけて揚げるストリートフードの「パコラ」に使われます。中でも野菜のかき揚げは、大人気。揚げ衣に刻んだ唐辛子を加えるのは、さすがインドです。

上：豆や米をその場でひいてくれる店。最近はこうした店も少なくなった。
下左：グラインダー上部の容器に豆を入れてスイッチを入れると、あっという間に粉になる。下右：筒状の布から姿を現した出来たてほやほやのベサン。ひきたての粉特有の温かさと香ばしさは最高。

上：パコラ（インド版天ぷら）の屋台。100ｇ10ルピー（約16円）〜で小腹が空いたときにぴったり。左：ベサンの色味が残るスイーツの数々。

ストリートフードも豆三昧

　「パコラ」の他にも、豆を使ったストリートフードは盛りだくさんです。自転車一台のコンパクトな屋台はどこでも見かけますし、観光名所に行けば、バケツやかごにおつまみを入れた売り子が近づいてきます。ここでも、安くて腹持ちがよい豆は、重宝されているのです。

隙間なく豆菓子が積み上げられた街中のスナック屋。

下右：注文すると、ゆでたカーラーチャナをスパイスや野菜とあえてくれる。下左：ひよこ豆やウラド豆をひいた粉で焼くインド版せんべい「パパド」。3枚10ルピー程（約16円）〜。

左：「チャナ・マサラ（ひよこ豆の煮込み）」、一皿20ルピー程（約32円）〜。
右：中が空洞の揚げパンの中にひよこ豆とじゃがいもが入った「ゴール・ガッパー」。冷たいスープに浸しながら食べる。5個で20ルピー程（約32円）〜。

リタ・クマールさんの作る豆料理
「豆カレーはインドの『味噌汁』」

上中央から時計回りにウラドドゥリー、マスールダール、ウラドチルカー、チャナダール、ムーングチルカー、カーラーチャナ、中央にあるのがアルハルダール。

インドでは豆は主要なたんぱく源です。インド人の約8割が信仰するヒンドゥー教では菜食が良しとされている上、経済的な事情で肉を買えない人も多いからです。それだけに豆の調理法は無数にあり、体調、気候、行事など状況に応じて作り分けます。

「豆カレーは、日本の味噌汁のようなものです」。日本に滞在経験のあるデリー南部の主婦、リタ・クマールさんはこう例えてくれました。クマールさんの家庭では、ほぼ毎日、豆カレーを作ります。日常的に使うのは、小粒で扱いやすい半割りの豆類。大粒の豆は調理に時間がかかるため、土日など時間のあるときに使ったり、レストランで食べたりすることが多いそうです。

見た目が違うのに実は同じ豆というものがある一方、似ているのにまったく別の種類で、食べるシチュエーションも大きく異なるものがあります。同じような黄色い2種類の豆が、一方は「おかゆ」に、もう一方は「ボリューム満点のカレー」に変わっていきます。

豆はふた付きの容器に入れて、専用の引き出しに収納しています。「月初めに給料を受け取ると、すぐに1カ月分の豆を買いに行く人も多いんですよ」。クマールさんが豆を火にかけるタイミングで取り出したのは、圧力鍋。豆を効率良く調理するのに欠かせない相棒で、この日も3つを併用していました。ふたに付いたおもりから蒸気が抜ける回数で、中の豆の具合を判断するのがインド流。小粒の豆は5回程度、大粒の豆は10回程度、「シューッ」と噴き出すのを確認したらだいたい煮えているそうです。豆が柔らかくなったら、色とりどりのスパイスで味付けして完成です。

上：インド人なら誰でも持っている?!「スパイスボックス」。ターメリック、コリアンダー、チリ、クミンなどの必要な香辛料がすぐに使える。下：豆料理を短時間で仕上げるための秘密兵器「圧力鍋」。

左：「乾燥豆は、40度を超える夏でも冷蔵庫に入れずに保存できてありがたい」とクマールさん。右上：この日クマール家にあった豆は11種類。右下：豆類は、ふた付きの容器に入れて専用の引き出しに収納。

インドみやげとしても人気のある丈夫な金属製の弁当箱。腹持ちのよい豆カレーは弁当のおかずとしても定番。

上：ウラドチルカー、ウラドドゥリー、チャナダールの3つの豆が入った煮込み料理「ティーン・ダール」（ティーンは「3つ」という意味）。下：豆料理の女王「ダール・マッカーニー」。ラージマとウラド・サーブトを使う。バターやカシューナッツ、生クリームも入ったクリーミーで贅沢な一品。

左：特別に作ってくれた豆料理の数々を紹介するリタ・クマールさん。「インド人にこんなに豆料理ばかり出すと、野菜が食べたい！と文句を言われるでしょうね（笑）」

チャナダールのカレーは、食欲旺盛のときに食べる。瓜などのあっさりした野菜とよく合う。

ムングダールを使ったインド版おかゆ「キチューリー」は、お腹をこわしているときに食べる。「夏は、これとヨーグルトが一番おいしく感じる」とクマールさん。

見た目は似ているが、種類の違う3つの豆。左：ムングドゥリー。胃にやさしく、米と合わせておかゆにする。中：アルハルダール。酸味のきいたスープ「ラッサム」などに入れる。右：チャナダール。どっしりとした食べ応えで、お腹の調子が悪いときには食べない。

ことわざすらも

インド人と豆との強いつながりは、豆をモチーフにしたヒンドゥー語のことわざの多さにも見ることができます。

「豆には黒いものもある」ということわざは、「何事にも裏がある」「出来すぎた話で、疑わしい気がする」という意味があります。

「君の口にマスールダールは合わない」は、ちょうど日本語の「猫に小判」に相当。友達が、身分不相応な高級品を手に入れようとしているときなどに用います。

計画がうまくいきそうにない人には、「あなたの豆は煮えないよ」（あなたの企み、今は成功しないよ、タイミングを考えたほうがいい）。

親しい人との間では、「最近どう？」。「ダール（豆）とローティ（パン）を食べることのできる生活は、なんとかできているよ」というあいさつが交わされることもあります。十分な豆を確保できることが、生活の安心感につながっていることを象徴するやりとりと言えるのではないでしょうか。

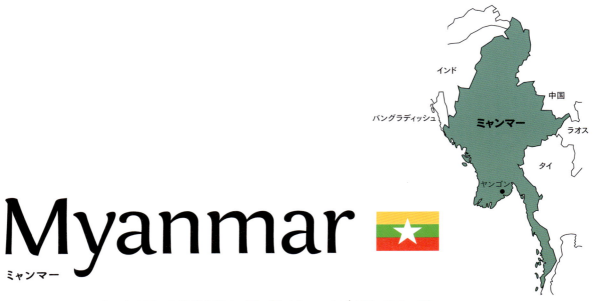

Myanmar
ミャンマー

ミャンマーは、インドに次ぐ豆の生産量を誇る、豆の国です。いんげん豆、ひよこ豆、緑豆、大豆、ささげ、えんどう、レンズ豆、樹豆、藤豆など、さまざまな豆を生産し、輸出もさかんです。タイ、ラオス、中国、インド、バングラディッシュの5国と国境を接しながらも独自の食文化を持ち、タイやインドが辛い料理が多いのに対し、シンプルで薄味の料理が多いのが特徴です。

p.198〜205 **サイ・アゥン・ミョー・ミィン**（ゴールデン バガン）

ペーピョットッ ひよこ豆のサラダ

材料　2人分

ひよこ豆（乾燥）……90g
紫玉ねぎ（スライス）……100g
万能ねぎ（みじん切り）……20g
ごま油……少々
塩……少々

作り方

1. ひよこ豆は、一晩水に浸し、ゆでる。
2. ボールに全ての材料を入れて、混ぜ合わせる。

ミャンマー語で「ペー」は「豆」、「ピョッ」は「ゆでる」、「トッ」は「サラダ」あるいは「あえる」の意味。ゆでたひよこ豆は、ミャンマーではとてもよく食べられます。ごま油と玉ねぎ、万能ねぎとあえただけのシンプルなサラダは、突き出しや副菜にぴったりです。

ラペットッ
揚げ豆とお茶の葉のサラダ

材料　2人分

そら豆、大豆、ひよこ豆、ピーナッツなどのいろいろな揚げ豆と白ゴマ※……合わせて100g
発酵させたお茶の葉……20g
きゃべつ（千切り）……50g
トマト（角切り）……50g
塩……少々
ナンプラー……少々
サラダ油またはピーナッツ油……小さじ1
干しえびの粉……20g

[飾り用]
サニーレタス……適量

[トッピング]
白ごま……10g
青とうがらし（みじん切りでもそのままでも）……適量
にんにく（みじん切り）……1片
レモン汁……少々

※ミャンマー食材店などでフライドナッツとして販売されている。自分で作る場合は、そら豆、大豆、ひよこ豆など、好みの豆各大さじ2を水で戻してゆでたものを二度揚げする。

作り方

1. ボウルに全ての材料を入れてよく混ぜ合わせ、サニーレタスをしいた皿に盛る。
2. 好みで白ごま、青とうがらし、にんにく、レモン汁などをかけて一緒に食べる。

ワンポイントアドバイス
揚げ豆は、日本のおつまみ用に売っている豆でも代用できます。

「ラペ」はお茶の葉、「トッ」は「サラダ」の意味。ミャンマーでは、お茶の葉を半年〜1年間発酵させたものが、よく食べられ、揚げ豆と混ぜ合わせた「ラペットッ」はミャンマーの人たちの大好物です。揚げ豆は、緑豆やえんどうを入れることもあります。

発酵したお茶の葉や揚げ豆などを、仕切りの付いた漆の器に詰めたものは、ミャンマーの典型的なお茶うけです。（上から時計回りに）トマト、発酵したしょうが、揚げピーナッツ、白ごま、ひまわりの種、干しえび、揚げ豆（ラペットッと同様のもの）、中央が発酵したお茶の葉。

ペー・ピョッ・タミンジョー　ひよこ豆チャーハン

材料　1人分

ひよこ豆(乾燥)……45g
玉ねぎ(スライス)……100g
にんにく(みじん切り)……2かけ
ごはん……茶碗1杯分(約250g)
塩、こしょう……各少々
サラダ油(揚げ油用と炒め用)……適量
ごま油……適量
[トッピング]
卵……1個

作り方

1. ひよこ豆は、一晩水に浸し、ゆでる。
2. フライパンにサラダ油を入れ、にんにくを炒める。にんにくが色づいてきたら、1の半分の量を入れて炒める。
3. 別の鍋で、玉ねぎをカリッとするまで揚げる。
4. 2にごはんを入れ、塩、こしょうと3を加えて、ごはんの水分が飛ぶまで3分ほど炒め、仕上げにごま油を入れる。皿に盛り、1の残りのひよこ豆を上にのせる。
5. 別のフライパンで目玉焼きを焼き、4の上にのせる。

「タミン」は「ごはん」、「ジョー」は「炒める、揚げる」の意味。ひよこ豆チャーハンと温かいミルクティーの組み合わせは、ミャンマーの朝ごはんの定番です。ここでは目玉焼きをのせて、アレンジしています。

オンノカオスエー　ココナッツラーメン

材料　4人分

鶏がらスープ……1000㎖
鶏もも肉（1cm角に切る）……200ｇ
玉ねぎ（みじん切り）……200g
ひよこ豆粉……100g
水……1000㎖
ココナッツミルク……400㎖
ターメリック……小さじ1
パプリカパウダー……小さじ1
ナンプラー……大さじ1
サラダ油……大さじ2
砂糖……10ｇ
塩……少々
生麺……4玉
［トッピング］
赤玉ねぎスライス、ゆで卵、万能ねぎ、麺を揚げたものなど……適量

作り方

1. 鶏もも肉は、塩、ナンプラーで下味を付ける。
2. フライパンにサラダ油をひいて玉ねぎを炒める。きつね色になったらターメリックとパプリカパウダーを加える。1を入れて香りが出たら、鶏がらスープ大さじ1を入れて、鶏肉を柔らかく煮る。残りの鶏がらスープを注いで沸騰させ、ひよこ豆粉を水1000㎖に溶かしたものを入れ、ココナッツミルク、砂糖を加えて約10分加熱する。
3. 生麺をゆでて器に盛る。2を注ぎ、好みでトッピングをのせる。

🫘 ワンポイントアドバイス
食べる時は、レモン汁や煎ったとうがらしの粉、ナンプラーなどを好みで入れるとよりおいしくなります。

ミャンマーの特徴的な豆使いの一つが、ひよこ豆粉を使ってとろみをつける調理法。その調理法を使った代表的な一品です。

トフー・ジョー
ひよこ豆豆腐の揚げ物

材料　15皿分

〈ひよこ豆豆腐〉
ひよこ豆粉……200ｇ
水……2000㎖
ターメリック……少々
サラダ油（揚げ油）……適量
[付け合わせ]
サニーレタス……適量
スイートチリ……適量

作り方

1. ひよこ豆豆腐を作り、好きな形に切る。
2. 180℃程度の油で二度揚げする。
3. サニーレタスを敷いた皿に盛り、好みでスイートチリをつけて食べる。

ひよこ豆豆腐の作り方

1. ひよこ豆粉200gを水1500㎖に溶き、約6時間室温に置く。上澄み液と沈殿物に分ける。
2. 500㎖の水を沸かし、**1**の上澄み液1000㎖とターメリックを加え、弱火で焦げないようにかき回しながら、**1**の沈殿物を少しずつ加える。たらして糸状に落ちるくらいのとろみがつき、生臭い匂いがしてくるまで30分～1時間加熱する。
3. バットに移し、常温になるまで冷ました後、約6時間冷蔵庫で冷やし固める。

バットに入れて冷やし固めたひよこ豆豆腐。にがりなどの凝固剤は必要なく、ひよこ豆粉と水だけで固まる。

「トフー・ジョー」は、ミャンマー東部、シャン州の代表的な料理で、ひよこ豆で作った豆腐を揚げたものです。トフーは、ひよこ豆で作った豆腐のこと。ひよこ豆から作る方法もありますが、ここでは、より手軽に、ひよこ豆粉から作ります。大豆の豆腐と同様に、揚げたり、あえたり、さまざまな調理法で食べられます。

左、中：ポエゴン取引所にある豆卸売店の店頭に並ぶ豆たち。海外へ輸出されていく豆もある。右：取引所のそこここで、仕入れた豆の仕分けをする労働者たち。

左：露店の色とりどりの豆。えんどうやひよこ豆、らい豆など1皿200〜300チャット（約20〜30円）。右上：市場には野菜に混じって豆を売る店も多い。右下：植民地時代の影響で、コンデンスミルクの空缶（14オンス）が容量の単位「ノジブー」になっている。

豆大国ミャンマーの豆事情

取材・撮影　板坂真季

　世界で3本の指に入る豆生産国ミャンマーでよく食べているのは、えんどう、ひよこ豆、らい豆などです。調理法もバラエティに富み、煮る・蒸す・炒ると日本でお馴染みの方法の他に、天ぷらにしたり、粉にしてサラダやスープに入れたりといった使い方もします。

　こうした豆を売る店には3つのタイプがあります。料理に使う乾燥豆や豆粉を売る店、豆菓子を売る店、そして3つ目がお茶うけ「ラペットッ」に添える豆を売る店で、これが最も目に付きます。ラペットッはどの家庭でも常備しており、発酵させた茶葉を油であえたものに、海老や唐辛子などを混ぜて食べます。トッピングにその家らしさが出るのですが、メインとなるのが揚げ豆なのです。驚くほど種類が豊富で、どんな小さな市場にもラペットッ用の豆を売る店は必ずあるほどです。

　また、豆好きなら、500m四方ほどもある広大な敷地に、豆類や穀物など扱う卸売店が軒を並べるポエゴン取引所も見逃せません。全国から集まった豆が店先にうず高く積まれ、見応えたっぷりです。

上左：定番朝食「ペータミンシーサン（豆ごはん油あえ）」。油とふかしたえんどうをごはんと混ぜる。上中：屋台で豆のかき揚げを揚げているところ。上右：ラペットッに添える豆を売る店。下左：ふかし豆は玉ねぎスライスと油であえるのが一般的。下中：いろいろな豆の天ぷら。下右：ラペットッ専用漆器に入ったお茶の漬物と揚げ豆などのトッピング。

朝、通りにはふかし豆売りの呼び声が響く。弁当のおかずに買う人も多い。

シャン州ニャウンシュエの市場。大豆の豆腐もあるが、ここでは「トフー」が主役。

シャン州のカウンダイン村にて。トフーを薄く切って干した乾燥トフー。揚げてスナックとして食べる。

左：トフーだね作り。水分が飛んでとろみがつくまで、ひたすらかまど脇で混ぜ続ける。中：木枠へ練り上げたたねを流し込む。右：表面が平らになるように裂いた竹片でととのえる。

トフーと豆腐は別もの

アジアの国々で、豆腐を指す言葉は驚くほどどこも似ています。中国語の「ドウフ」、ベトナムの「ダウフー」、クメール語では「タウホー」といった具合。ミャンマーにも「トフー」という食品がありますが、色は黄色く、舌触りもねちっとしています。

この黄色いトフーの発祥地はミャンマー東部のシャン州で、現在の中国・雲南省あたりからやって来たとされるシャン族が住むエリアです。現在はヤンゴンでも、サラダや揚げ物にして一般的に食べています。ヤンゴンのトフー工房のご主人によれば、「シャン州ではふんわりした仕上がりになるえんどうを使うらしいが、蒸し暑いヤンゴンではより日持ちするひよこ豆で作る人が多いんだ。俺は朝のうちに売り切る自信があるからえんどうを使うけどね」とのこと。しかしそのシャン州でも、今は価格が安いひよこ豆で作るのが主流になっています。ひよこ豆製はえんどう製より固く、色も濃くなります。

実はミャンマーには、大豆で作る、日本人が豆腐として食べているのと同じ食べ物もあります。こちらの名称は「ペービャー」、平たい豆という意味です。想像ですが、シャン族が自分たちの土地に合うよう、豆を代えて作ったトフーが先に伝来し、大豆製の豆腐が後からやってきたため、このような命名になったのではないでしょうか。

シャン州・インレー湖畔のカウンダインは、村人の多くがトフー作りに従事していることで有名な村です。広場には竹製ゴザに干した乾燥トフーが一面に広がっており、なかなかフォトジェニックな光景に出合えます。

左／トフーに固まる前の状態で麺にかけて食べる「トフーヌエ」。
右／えんどうで作ったトフーヌエのスープ。ひよこ豆製よりも色が薄い。

中国

中国は大豆の原産地といわれ、紀元前3000年頃から栽培されてきました。えんどう、そら豆、緑豆なども古くから食べられ、新大陸原産のいんげん豆や落花生もよく食べられています。中国の豆の食文化の最大の特徴は、大豆から豆腐、湯葉といった加工品を作り、そこからさらに二次加工品を作ることにあります。仏教の五つの戒めの一つに「不殺生戒」があり「素食（精進料理）」が発達したことが、それを後押ししてきました。

p.208〜216、p219　**山口祐介**（JASMINE 憶江南）

香糟花生
<small>シアンザオホァション</small>

落花生の紹興酒粕漬け

材料　5～6皿分

生落花生（殻付き）……500g
糟滷（ザオルゥ）※……落花生がひたひたに浸かる量

※糟滷の作り方（作りやすい量）
水……2500㎖
紹興酒糟……50g
塩……120g
砂糖……50g
紹興酒……900㎖

1　紹興酒以外の全ての材料を合わせ、ラップをして蒸籠で1時間ほど蒸したら粗熱が取れるまで冷ます。
2　別に用意した容器に紹興酒を入れ、1を漉し入れる。

作り方

たっぷりの湯で落花生を7～8分ほどゆで、よく水気を切ってから容器に入れ、糟滷をひたひたに注いでふたをし一晩冷蔵庫で漬ける。

ワンポイントアドバイス
糟滷は、いわば伝統的な浅漬けの素。枝豆、鶏肉、豚のもつ、えび、貝類などの漬け汁としても使われ、冷蔵庫で約1カ月保存できます。

中国には落花生を殻ごとゆでる調理法があります。これは、紹興酒の糟から作る糟滷（ザオルゥ）という主に上海料理に使われる調味料に、ゆでた落花生を漬けた、おつまみにぴったりの一品です。

素火腿
スゥフォトェイ
湯葉の精進ハム

材料　2人分
半乾燥湯葉（腐皮〔フーピー〕）……10枚
〈素滷（スゥルゥ）〉
水……1500㎖
醤油……100㎖
老抽……30㎖
上白糖……20g
陳皮……1片
しょうが……1片
冬菇（どんこ）……2枚
紅米……3g
五香粉……少々
ごま油……15㎖

作り方
1. 素滷の材料を全て合わせ、弱火で1時間煮たら別の鍋に漉しながら移す。
2. **1**を弱火にかけ、5㎝角に切った湯葉を入れ、30分煮る。
3. 調理台にさらしを広げ、汁気を切った**2**の湯葉を手前に置き、さらしの左右を織り込んだら、手前からしっかりと力を入れて丸く巻き、タコ糸できつく縛る。
4. **3**をバットに入れ、蒸籠で1時間蒸す。蒸し上がったら一晩冷蔵庫に入れて締める。
5. さらしを外し、薄くスライスして皿に盛る。

湯葉を重ねて固めて中国ハム（火腿）の形に仕立てたもの。上海の伝統的な精進料理です。漬け汁の味を吸った湯葉の旨味は、肉に勝るとも劣らない味わいです。

5のさらしを外した状態。重ねた湯葉が一体化してハムの形状に。

五香黄豆
（ウシアンホァンドウ）
大豆の広東風甘露煮

材料　5〜6皿分

大豆（乾燥）……300g
水……3000㎖
醤油……20㎖
塩……8g
八角……1/2個
桂皮……少々
甘草……少々
沙姜……少々
草果……少々
氷砂糖……150g

作り方

1. 鍋に氷砂糖以外の全ての材料を入れて火にかける。
2. ひと煮立ちさせ、あくを取ったらごく弱火にし、アルミホイルなどで落しぶたをして3時間半〜4時間煮る（最後の15分〜20分は火加減を調整して水分を飛ばし、3時間半〜4時間経った時に、水分が蒸発して大豆がひたひたに浸っている状態が理想的）。
3. 氷砂糖を入れ、完全に煮溶けたら火を止める。

ワンポイントアドバイス

ここでは大豆を戻さない調理法で作っています。強火で煮ると大豆の皮がしわしわになるため、ゆっくりと弱火で煮ます。大豆は柔らかめよりも、ややかための締まった状態の方がおいしいです。

大豆を甘辛く煮た、広東地方の郷土料理。広東料理で、焼味（シューメイ）と言われる「叉焼（チャーシュー）」や「あひるの丸焼き」などの焼き物料理の付け合わせとして卓上に登場することが多いです。

揚州燙干絲
ヤンヂォウタンガンス
細切り押し豆腐の湯引き 揚州風

材料　1皿分

押し豆腐（豆腐干）……50g
長ねぎ……4cm
しょうが……少々
赤ピーマン……少々
香菜……少々
ねぎ油……大さじ2
こしょう……少々
A ┌ 鶏がらスープ……大さじ1
　├ 醤油……大さじ1/2
　├ オイスターソース……大さじ1/2
　├ 紹興酒……小さじ2
　└ ごま油……少々

作り方

1. 押し豆腐を細切りにし水にさらしておく。
2. 長ねぎは白髪ねぎに、しょうが、赤ピーマンもごく細い細切りにする。
3. 鍋に湯を沸かし、**1**を湯にくぐらせ、水気を切って皿に盛る。その上に**2**をのせ、こしょうを振る。
4. 鍋で薄煙が立つまで熱したねぎ油を**3**の上にかける。さらに**A**を混ぜ合わせたソースをかけ、香菜の葉をあしらう。

押し豆腐と野菜の細切りを鶏がらスープで和えた、揚州の名物料理。揚州は「揚州三把刀（包丁、はさみ、爪切り）」といわれ、刃物を扱う職人の街として有名です。押し豆腐を糸のように細く切る本品は、まさに切る技を見せる料理です。

蟹粉豆腐
シエフェヌドウフ
豆腐と上海蟹みその白湯煮込み

材料　1皿分

絹ごし豆腐……1丁（約300g）
サラダ油（揚げ油）……適量
塩……少々
上海蟹の中身※あるいは蟹粉……40g
しょうが（みじん切り）……10g
紹興酒……10mℓ
白湯スープ……200mℓ
A ┌ 塩……小さじ1/2
　├ 砂糖……小さじ1/2
　├ オイスターソース……小さじ1
　└ こしょう……少々
小ねぎ（小口切り）……20g
水溶き片栗粉……適量
ねぎ油……大さじ1

※上海蟹を殻ごと蒸して、その中身をほじくり出して使う。

作り方

1. 豆腐の半分は素揚げにする。豆腐を半分に切り、1/2丁をキッチンペーパーに包み重石をして半日ほど置いて水切りする。1.5cm角のさいの目に切り、180℃〜200℃で表面がきつね色になるまで揚げる。

2. 残りの豆腐1/2丁は1.5cm角のさいの目に切り、塩少々を加えた湯でゆでこぼし、ざるに取る。

3. 中華鍋を火にかけ、油ならしをしたら弱火にし、鍋底に残った油で蟹粉としょうがをゆっくり炒める。

4. **3**に紹興酒を振り入れ、白湯スープを注ぎ、**1**と**2**と**A**を入れたら強火にしてあくを出し、その後弱火にしてふつふつと4〜5分煮る。

5. 最後に小ねぎを入れ、水溶き片栗粉でとろみをつけ、ねぎ油を回し入れる。

豆腐と上海蟹の煮込み料理で、全国的に食べられます。豆腐は柔らかい口当たりの絹豆腐を使います。上海蟹が手に入らない時期には代わりに蟹粉（上海蟹の蟹肉をほぐして蟹味噌と混ぜ合わせた食品）で作ります。

紹興茴香豆
シャオシンホェイシアンドウ

紹興のういきょう豆

材料　4～5皿分

そら豆（乾燥）……200g
A ┬ 水……1000㎖
　├ 紹興酒……100㎖
　├ 醤油……50㎖
　├ 塩……5g
　├ 八角……2個
　├ ういきょう（フェンネル）……小さじ1
　├ 桂皮（シナモン）……少々
　└ 甘草……少々

作り方

1. そら豆を一晩水に浸す。

2. 鍋に**A**全てを入れて20分程弱火にかけて香辛料の香りを移したら、**1**の薄皮の付いたままのそら豆を入れ、弱火で好みのかたさになるまで煮る（10分前後）。

🍴 ワンポイントアドバイス
温かい状態でも、そのまま調味液に漬けた冷めた状態でもおいしくいただけます。

煮たそら豆を茴香（ういきょう、フェンネル）と桂皮（シナモン）で香り付けしたもので、紹興酒の故郷、浙江省紹興市の名物料理です。

中国 こぼれ話

魯迅の小説の舞台「咸亨酒店」で茴香豆をつまみに紹興酒を飲む

紹興酒の発祥地であり、中国の文豪・魯迅の故郷として知られる中国・浙江省紹興市。「咸亨酒店」は、その紹興に魯迅の叔父が1894年に開業した造り酒屋です。魯迅をはじめ多くの文化人に愛されたお店で、ここを舞台に書かれたのが、魯迅の小説『孔乙己(こういっき)』です。

『孔乙己』の主人公・孔乙己はなかなか科挙に受からない落ちぶれた知識人で、貧困を極めながらも酒をやめられず、毎日のように咸亨酒店に飲みにきては、周りの客にからかわれています。その孔乙己が、咸亨酒店で温めた酒2椀と一緒に注文するのが、「茴香豆」(p.216)なのです。

昔は小さな造り酒屋でしたが、「咸亨酒店」は魯迅生誕100年を記念して1981年にホテルを併設したレストランとして建て直され、紹興の観光名所となっています。紹興酒と一緒につまむ茴香豆も、紹興の名物として、街のあちこちで売られています。

上:紹興の観光名所となっている「咸亨酒店」。©Yusuke Yamaguchi
下:店の前には、茴香豆をつまみながら茶碗酒を楽しむ孔乙己の銅像がある。©Yusuke Yamaguchi

左:「咸亨酒店」の名物料理の「茴香豆」。©Yusuke Yamaguchi
右:落花生の「茴香豆」もある。©Yusuke Yamaguchi

暑さでほてった体をクールダウン 夏におすすめの緑豆スープ

中国では、緑豆を煮込んだスープ「緑豆湯」がお茶代わりに飲まれます。緑豆には「消暑」=体にたまった余分な暑気を取り除く作用や、「水毒」=利尿作用や解毒作用、むくみなどを改善する作用があるといわれています。そのため、夏の中国では「緑豆湯」や薏米緑豆湯(緑豆のお汁粉。p.219)が定番で、よく飲まれたり食べられたりします。緑豆湯の作り方は、緑豆:水=1:4〜5で緑豆を30分ほど煮るだけ、と簡単。はと麦も一緒に煮込むことが多く、好みで甘味を付け、冷蔵庫で冷やします。

緑豆が体を冷やすが働きがある一方、小豆は体を温める働きがあり、冬に食べるのがおすすめです。

コンビニなどの店頭で売られている「緑豆湯」缶。砂糖で薄く甘味がついている。

最古の農業書『斉民要術』に見られる豆の加工食品

6世紀頃に書かれた『斉民要術』は、現存する中国最古の農業専門書であり中国料理史においても欠かせない文献です。その中には、豆に関するさまざまな製造法、利用法の記述があります。緑豆の粉で作る麺の製法もその一つで、こねた緑豆の粉を、牛の角に6、7個の小さい穴を開けて、熱湯に押し出して作ると書かれています(日本でいう緑豆春雨。中国では「粉糸」

『斉民要術』。北魏の賈思勰(かしきょう)が著した農業技術書で全10巻から成る。

や「粉条」と呼びます)。大豆の栽培方法や大豆の発酵食品である醤清(たまり)や豆鼓の製法や利用方法についての記述もあり、5世紀頃までには大豆の食品加工技術が集大成されていたことが伺えます。

豆を使ったスイーツは、アジアには数多くありますが、欧米には見られません。
豆料理で取り上げた18カ国の中からペルー、インド、中国の「豆を生かしたスイーツ」を紹介します。

フレホル・コラーダ
Frejol colado 豆のムース

ペルー

黒人奴隷がリマの南に位置するチンチャで作られたのが始まりといわれ、今はペルー全土で食べられます。現地ではカリオカ豆や黒いんげん豆などでも作られ、とても甘いですが、ここでは砂糖を控えめにしています。

材料　4人分

ひよこ豆（乾燥）……200g
水……1.5ℓ
クローブ……6本
シナモンスティック……1本
生クリーム……100㎖
グラニュー糖……100g
白ごま……適量

1. 鍋に水1.5ℓを張り、ひよこ豆を一晩水に浸す。
2. **1**にシナモンとクローブを加え、火にかけてひよこ豆が柔らかくなるまでゆでる。スパイスを取り出し、ひたひたな状態に生クリーム、グラニュー糖を加え、さらに煮詰めてピューレにする。
3. 盛り付けて白ごまを振る。

スイヨン
Sueyan 豆粉の衣付き豆粉のドーナッツ

インド

ドーナツの生地の部分にはチャナダールの豆粉、衣の部分にはウラドダールの豆粉と米粉、と2種類の豆粉を使った、南インドのお菓子です。

材料　20個分

ウラドダール……1/2カップ
インド米……1/2カップ
塩……適量
チャナダール……100g
揚げ油……適量
A ┌ 砂糖……100g
　├ カルダモンパウダー……大さじ1/2
　├ ココナッツファイン……大さじ3
　├ カシューナッツパウダー……大さじ2
　└ ギー……大さじ1

1. ウラドダール、インド米を洗って2時間ほど水に浸し、水気を切る。ミキサーでペースト状にし、塩を加え、バッター液を作る。
2. チャナダールを洗って柔らかくなるまで煮る。水気を切って少し粒が残る程度にマッシュし、**A**を加え、手で混ぜ合わせる。1個当たり15〜20gくらいを手に取り、丸める。
3. **2**を**1**にくぐらせて油で揚げる。

世界の豆スイーツ

ジンチョンワンドウホアン
京城豌豆黄　白えんどうの羊羹

中国

清朝の宮廷菓子で、西太后が好んで食したといわれます。毎年旧暦の3月3日に食べる慣習があります。ほのかな甘みと金木犀の香りが漂う、涼やかで上品な味わいの伝統菓子です。

材料　4人分

白えんどう……150g
A ┌ 水……150mℓ
　├ 粉寒天……5g
　├ 砂糖……80g
　└ 糖桂花（金木犀のシロップ漬け）……10g

1. 白えんどうを一晩水に浸す。水気を切り、バットに入れて蒸篭で30分蒸す。
2. Aを全て合わせ、蒸篭で10分蒸す。
3. 2が熱いうちに1と合わせ、フードプロセッサーにかける。流し缶に流し、冷蔵庫で冷やし固める。

リュイドウタン
米撒豆湯　緑豆のお汁粉

中国

緑豆には体内の余分な熱を除く作用や利尿作用があることから、中国では夏に緑豆がたくさん食べられます。麦や百合根も滋養強壮の働きがあるといわれ、夏の暑気払いにぴったりなお汁粉です。

材料　5～6人分

緑豆……100g
薏米（はと麦）……20g
干し百合根……20g
水　……1.5ℓ
砂糖……適量

1. 緑豆とはと麦はボールに一緒に入れて一晩水に浸す。干し百合根も別の容器で一晩水に浸す。
2. 鍋に水1.5ℓと緑豆、はと麦を入れて火にかける。緑豆はあくが多く出るのでしっかり取り除き、ふたをして弱火で1時間ほど煮る。
3. 百合根も加え、さらに20分程煮る。砂糖を加え好みの甘さにする。

豆の日本への伝来の歴史

日本に最初に伝わった豆は大豆で、その後、あずき、そら豆、えんどう、ささげ、いんげん豆、べにばないんげん、落花生などが伝わり、多くの豆が栽培されるようになりました。

●大豆
原産地の中国から日本に伝わりました。今から3000年ほど前に伝わったとされてきましたが、近年、今から5000年ほどの前の遺跡から大豆を栽培した跡が発見されました。奈良時代の書物『古事記』に大豆に関する記述があります。

●あずき
一般的には東北アジアが原産地とされていますが、明確に特定されるには至っていません。最近の研究では、日本が起源という可能性も示唆されています。

●ささげ
東アフリカ原産のささげは、インド、中央アジア、中国へと伝わり、平安時代に日本へ伝来したといわれます。9世紀末の東大寺の日誌にささげを意味する「大角豆」の記述があります。

●いんげん豆
中南米原産のいんげん豆は、スペイン人によってヨーロッパに伝わり、16世紀末に中国へ伝わりました。日本には、江戸時代初期（1654年）、明から招いた隠元禅師が持ってきたといわれています。明治時代初期の北海道開拓に当たり、アメリカから品種を導入して本格的に栽培が始まりました。

●べにばないんげん
メキシコの高原地帯が原産地。メキシコからヨーロッパに伝わり、江戸時代に末期にオランダ貿易によって持ち込まれました。当初は観賞用に栽培されていました。食用としての栽培は明治になってから札幌農学校で始まり、本格的な栽培は大正になってからです。

●えんどう
中東原産のえんどうは、インドを経て3〜6世紀に中国に伝わり、奈良時代に遣唐使によって日本へ持ち帰られました。本格的な生産は明治以降で、主な生産地は北海道です。

●そら豆
中東原産のそら豆は、中国経由で渡来したインドの僧侶によって奈良時代に日本に伝えられ、これを行基上人が武庫（兵庫県）で試作したとされています。

●落花生
南米原産の落花生は、16世紀初頭にスペイン人によりフィリピンに持ち込まれ、中国を経由して18世紀の初めに日本に伝わりました。その由来から「南京豆」と呼ばれました。本格的な栽培が始まったのは、明治時代に米国から種子が導入され、奨励されたことによります。

新豆が出る時期（主な種類）

8月下旬	ささげ、赤えんどう
9月上旬	青えんどう
9月中旬	小豆
10月上旬	金時豆
10月中旬	大福豆、うずら豆
10月下旬	大納言小豆、黒豆
11月上旬	白花豆、紫花豆
11月中旬	大豆
11月下旬	丹波大納言
12月上旬	丹波黒豆

東京・築地場外市場にある乾物・雑穀店、山本商店の店頭。「豆は農作物。新米と同様に新豆ならではのおいしさを味わってほしい」という。

日本の伝統的豆料理、全国の郷土料理

日本の豆食文化には幾つか際立った特徴があります。大豆とあずきの利用が多く、あずきは主に餡や菓子として利用され、大豆は大部分が豆腐などの加工食品や納豆、味噌・醤油などの発酵食品・調味料として使われることです。また、甘い味付けの豆料理が多いことも、世界では珍しいことです。行事や祝い事の際に豆料理が食べられるのも、日本の豆食文化の特徴です。おせち料理の黒豆煮や豆きんとん、節分の福豆、桃の節句の桜もち、春・秋の彼岸のぼた餅・おはぎなどは季節の節目の行事食となっていますし、出産、入学、還暦、古希などの人生の節目の祝い事にはお赤飯が欠かせません。日本各地に豆にちなんだ風習や郷土料理が伝わっています。

日本の伝統的な豆料理の代表例
- 赤飯……元来は赤米のごはんでしたが、室町時代の『山科家礼記』に米をあずきとともに炊いた赤飯が紹介されています。祝い事と結び付いたのは江戸時代といわれます。
- 黒豆煮……黒大豆を甘く煮た黒豆煮は、年中まめに働き、まめに暮らせるようにと、おせち料理の一品となりました。
- 大豆の五目煮……大豆をにんじん、ごぼう、昆布、ひじきなどと甘く煮たもので、五目豆とも呼ばれ、昔から家庭の常備菜とされてきました。

● 豆を使った全国の郷土料理

北海道地方
赤飯、うずら豆入りそばだんご、昆布と大豆の煮豆

東北地方
東北一帯：浸し豆
青森：豆しとぎ、小豆ばっとう、なべこだんご
岩手：小豆ばっと、けぇの汁、浮き浮き団子
秋田：ささげのにんにくあえ、こごり豆
福島：あかあかもち

関東地方
茨城・栃木・群馬：しもつかれ（すみつかれ）
茨城：呉汁
栃木：芋ちゃのこ、いとこ煮、浸し豆
群馬：つじゅうだんご、花いんげんの白煮豆
埼玉：つとっこ、塩あんびん
千葉：とうぞ、落花生みそ
神奈川：へらへらだんご、落花生の煮豆

関西
三重：いばらもち
滋賀：幸福豆、いさざ豆、えび豆、打ち豆汁
京都：いとこ汁、黒豆煮、小豆飯
大阪：はらみだんご
兵庫：すりやき
奈良：かぼちゃのいとこねり、奈良茶めし
和歌山：粉ふき豆

中国地方
鳥取・島根：小豆汁の雑煮
島根：おけじゃめし、かたら餅（かしわ餅）
岡山：うけじゃ
広島：煮ごめ

四国地方
徳島：茶ごめ、豆玉
香川：しょうゆ豆
愛媛：りんまん
高知：ほしかだんご

中部地方
新潟：酢豆、呉汁、小豆粥、あんぼ
富山：いとこ煮、小豆ずる、赤ぞろ
石川：みたま
福井：とびつきだんご、打豆なます（ごんざ）、呉汁
山梨：小豆ぼうとう、やこめ
長野：小豆ざざ
岐阜：みょうがぼち
愛知：じょじょぎり、落花生の煮豆、あらめと落花生の煮物

九州地方
福岡：よどまんじゅう
長崎：煮ごみ
熊本：座禅豆、とじこ豆、豆だこ、呉汁
大分：かんくろもち、いとこ煮
宮崎：小倉あくまき、甘い赤飯
鹿児島：かからん団子

沖縄
あまがし

豆を使った日本の伝統料理・郷土料理

あずき粥

小正月の1月15日に、暮れからお正月まで忙しく働いた女性をねぎらい、家族の健康と家内安全を願って食べる、伝統料理。その歴史は古く土佐日記や枕草子にも記されています。

材料（2人分）
あずき（乾燥）……30g　　米……100g
豆のゆで汁＋水……600㎖　　もち……1個（50g）
みつば……少々

1. あずきは水洗いし、4～5倍の水を入れて火にかけ、煮立ったら一度ゆで汁を捨てる。再び4～5倍の水を加えて火にかける。煮立ったら火を弱め、あくを取り、八分通り柔らかくなるまで煮て、あずきと煮汁に分ける。
2. 米は水洗いして分量の豆のゆで汁と水に30分くらい浸ける。
3. 2を火にかけ、煮立ってきたら木杓子で鍋底から混ぜ、火を弱め30分くらい煮て、あずきを加えて柔らかくなるまで煮る。
4. もちは4等分にし、こんがり焼いて3に加え、みつばも入れてふたをして蒸らす。器に盛り、好みで塩をかける。

豆きんとん

きんとんは、金団と書き、縁起ものとしておせち料理の一つになってきました。豆の半分の量は粒の形を残す程度の柔らかさに、半分は餡のようになめらかに仕上げます。

材料（4人分）
大福豆（乾燥）……300g
A ┌ 砂糖……55g
　└ 水……1カップ　塩……少々
B ─ 砂糖……75～110g　塩……少々

1. 大福豆は洗って、4～5倍の水に一晩浸ける。浸け水のまま中火で煮る。沸騰したらあく抜きのために煮汁を捨て、再び豆の4～5倍の水を加えて中火で煮、沸騰したら弱火にして豆の芯が柔らかくなるまで煮る（50分程度）。
2. Aを小鍋に入れて、2～3分煮立てた中に、柔らかく煮えた豆を半分の量すくいだし、Aの中に30分くらい浸す。
3. 残った豆の煮汁を軽く切ってBを入れ、やや強火で木杓子で混ぜながら、餡のように煮上げて2の豆をすくい、汁気を軽く切って混ぜて仕上げる。

いとこ煮

いとこ煮の名前の由来は、「おこと汁」が転じたという説、野菜同士親近な材料を煮るからなど諸説あり、地方によって作り方が異なります。かぼちゃの入ったいとこ煮は、栃木県の郷土料理です。

材料（4人分）

あずき（乾燥）……70g　　かぼちゃ……600g（1/2個）
砂糖……大さじ3　　　　　醤油……大さじ1.5

1. あずきは、あずき粥の1と同じ要領で柔らかく煮る。
2. かぼちゃは、スプーンで種とわたをすくい取り、3cm角に切って面取りする。
3. 鍋にかぼちゃを入れ、水をかぶるくらい入れて、中火にかけて煮立て、2〜3分煮てから湯を捨てる。
4. 3に1と煮汁を入れて、弱火で5分くらい煮てから砂糖、醤油で調味し、中火にして味がなじむまで煮ふくめる。

打ち豆汁

打ち豆は、大豆を戻したものを石臼にのせて木槌でつぶし乾燥させたもので、火の通りが早く調理がしやすいのが特徴です。福井県にある曹洞宗の大本山・永平寺では、報恩講のお講汁として親しまれてきました。

材料（4人分）

打ち豆……24g　　　　　　油揚げ（短冊切り）……20g
だいこん（厚さ0.5cmのいちょう切り）……120g
さといも（厚さ1cmのいちょう切り）……100g
にんじん（厚さ0.5cmのいちょう切り）……40g
ごぼう（ささがき）……12g　ねぎ（小口切り）……20g
みそ……40g　　　　　　　昆布……2g
水……800mℓ

1. 打ち豆は水に浸して、軽くもみ、浮いた豆の皮を洗い流す。
2. 水に昆布を入れてだしを取り、ねぎ以外の具と打ち豆を入れて柔らかくなるまで煮る。
3. ねぎを入れ、みそを溶き入れる。

取材協力店、担当シェフ
プロフィール

本書の企画にご賛同いただき、
快く撮影とレシピの公開にご協力くださいましたみなさまに
心よりお礼を申し上げます。
ぜひお店をお訪ねください。

※今回レシピページで紹介している料理は、この本のために作っていただいた料理が数多くあります。
　季節限定や不定期で提供される料理もありますので、お問い合わせください。
※お店のデータは、2016年8月現在のものです。

レバノン
p.20〜25

アラビア料理レストラン
アル・アイン
Al Ain

ジアード・カラム

オーナーシェフのカラム氏は、レバノン・ベイルート出身。国立調理師学校卒業後、在日クウェート大使館大使付シェフとして来日。1995年、「アル・アイン」を開業。広々とした店内はカジュアルな雰囲気で、レバノン料理を中心にエジプト、モロッコ、チュニジアなどのアラブ諸国の料理を堪能できる。都内のホテルで行われる各国大使館主催のパーティに出向いての調理や、公式行事や企業主催の各種パーティへのケータリングなども多く手掛ける。

神奈川県横浜市中区弥生町2-17
ストークタワー大通り公園1ビル地下1階
☎ 045-251-6199
http://www.alaindining.com

トルコ
p.28〜33

ボスポラス・ハサン
Bosphorus Hasan

ハサン・ウナル

30年以上も新宿で営業を続け、いまや老舗ともいえるトルコ料理レストラン。オーナーシェフのウナル氏は、本国のイスタンブールでレストランを経営した後、1987年に来日。日本初のトルコ料理レストランで5年間シェフを務めた後、93年に店をオープン。まだ日本ではなじみがなかったトルコ料理を、企業とのコラボレーションや料理教室、メディアを通して紹介、普及に努めてきた。新宿と市ヶ谷に計3店を展開する。

東京都新宿区新宿2-7-2
☎ 03-6380-6412
http://bosphorushasan.com

 イラン
p.18、p.34〜42

ペルシャ料理レストラン
ジャーメ・ジャム
Jame Jam

キャラバンディ・モーセン

店名のジャーメ・ジャムは、中を覗くと世界中を見渡せるという、ペルシャの王様が持っていた黄金の杯に由来する。オーナーシェフのモーセン氏は、イラン・テヘランの料理専門学校でホテル・シェフコースを卒業後、テヘランのホテルを経て、20数年前に来日。都内のレストランで研鑽を積み、2007年に店をオープンした。店内は異国情緒がありながらもアットホームな雰囲気。博識なシェフに、料理の背景の話を聴きながら食事を楽しみたい。

東京都杉並区阿佐ヶ谷南2-20-7
☎ 03-3311-3223
http://www.jamejam.jp

エジプト
p.44〜49

ネフェルティティ東京
Nefertiti Tokyo

河本イマド かわもと・いまど

在日27年のオーナー・河本氏が、エジプトの文化を伝えたいと2007年にオープン。店名のネフェルティティは、古代エジプトの三大美女の一人。ゴールドとブルーを基調にした店内は、アラビアンナイトを思わせるテントで仕切られ、エキゾティックな雰囲気があふれる。カイロの5つ星ホテルのシェフと、元エジプト大使館専属シェフが作る本格的なエジプト料理を、イマド氏のスマートなサービスで提供。2016年8月に大阪店もオープン。

東京都港区西麻布3-1-20
Dear 西麻布1階
☎ 03-6844-8208
http://www.nefertititokyo.com

 モロッコ
p.50〜57

モロッコ料理の台所
エンリケマルエコス
Enrique Marruecos

小川歩美 おがわ・あゆみ

オープンキッチンを囲むカウンター席で、家庭的な雰囲気の中、本場仕込みの料理が楽しめる。オーナーシェフの小川氏は、2004年から5年間モロッコに在住し、4軒のレストランと料理教室で修行を積んだ後、料理研究家のアシスタントとして腕を磨く。09年に店をオープンした。モロッコをとりまく地中海料理全般に興味を持ち、今も現地に足を運んで研究を続ける。著書に『家庭で楽しむモロッコ料理』(河出書房新社)。

東京都世田谷区北沢3-1-15
☎ 03-3467-1106
http://cuisinedumaroc.jp

西・中央アフリカ
p.58〜67

ロス・バルバドス
Los Barbados

上川大助 うえかわ・だいすけ
真弓 まゆみ

奥渋谷の雑居ビル1階にある、アラブ・アフリカ料理店＆バー。アフリカ、アラブ、カリブ各国の料理をセンスよく取り入れた料理は、日本人のみならずネイティブにも好評だ。ベジタリアン対応の料理も多く、そのときどきでさまざまな豆料理が登場する。ミュージシャンでもある上川氏は、千葉・市川で10数年レゲエバーを営んだ後、2010年に当店をオープン。店内にはリンガラ（コンゴ音楽）が鳴り響く。二人の温かな人柄にファンも多い。

東京都渋谷区宇田川町41-26
パピエビル104
☎ 03-3496-7157
https://www.facebook.com/
losbarbados.shibuya/

 メキシコ
p.70〜78

サルシータ
Salsia

森山光司 もりやま・こうじ

オーナーシェフの森山氏は、1986年、カリフォルニア在住時にメキシコ料理と出合い、帰国後、日本ではまだ知られていない本場のメキシコ料理の魅力を紹介したいと、99年に東京・恵比寿に店をオープン、2007年、現店舗に移転した。化学調味料などは一切使わず、メキシコ直輸入の唐辛子やスパイスを使いながら素材の味を大切に引き出す料理で支持を集め、メキシコ大使館員も勧める店である。著書に『メキシコ料理大全』（誠文堂新光社）。

東京都港区南麻布4-5-65
☎ 03-3280-1145
http://salsita-tokyo.com

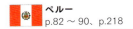 **ペルー**
p.82〜90、p.218

荒井商店
Arai Shoten

荒井隆宏 あらい・たかひろ

オーナーシェフの荒井氏は、フランス料理店「オテル・ドゥ・ミクニ」、故郷の神奈川・金沢文庫の「ザ・ロード・アンド・ザ・スカイ」を経て、2003年より1年間ペルーで料理を学び、05年、当店を開業。夜はテーブルごとに違うおまかせコースを中心に、洗練されたペルー料理を提供する。ペルー大使館やホテルのペルー料理フェアなどでも調理を担当する。著書に『ちょいラテンごはん』（イマージュ）、『荒井商店 荒井隆宏のペルー料理』（柴田書店）。

2023年6月、神奈川県足柄下郡湯河原町城堀18-2に移転予定
詳細はお店のWebサイトを参照ください。
https://araishouten.wixsite.com/peru

 ブラジル
p.92〜98

アウボラーダ
Alvorada

黒澤修二 くろさわ・しゅうじ

ブラジル音楽をはじめとするブラジルの文化に惚れ込んだ黒澤氏が、2004年にオープンした、エリア唯一のブラジル料理専門店。ブラジル＝シュラスコのイメージが強い中、豆と肉の煮込みや揚げ物など、ブラジルで日常的に食べられる軽食や家庭料理から本格的なブラジル料理までを、ブラジルのお酒とともに楽しめる。週末にはライブを中心にさまざまなイベントが行われ、15年末には長年にわたってブラジルの文化を紹介してきたことで、ブラジル領事館から表彰を受けた。

武蔵野市吉祥寺本町1-32-9
モトハシビル地下1階
☎ 0422-20-2797
http://www.alvorada.jp/index.html

 **アメリカ合衆国**
p.100〜108

チリパーラー9
Chili Parlor 9

松浦亜季 まつうら・あき

"eat good"をキーワードに「麹町カフェ」などを展開する、㈱エピエリが展開するチリ専門店。エピエリ エグゼクティブシェフの松浦氏の、最初のチリ・ビーンズとの出合いは、レストランで働いていた時に同僚のテキサス出身のシェフが作った一皿を食べたとき。その後、アメリカのワシントンで1軒のチリ・ビーンズ店と出合い、2012年に当店をオープンした。山梨県北斗市で栽培する白いんげんをはじめ日本の豆のおいしさを伝えている。

※2022年8月閉店

 スペイン
p.112〜125

スペイン郷土料理 イレーネ
Comida Española Irene

数井理央 かずい・りお

家庭的な雰囲気の中、スペイン各地の本格的な郷土料理が堪能できると評判の店。数井氏は、スペイン料理店「ラ・タペリア」で修行後、2009年に当店をオープン。修行先のマドリッド出身のオーナーシェフから数々の郷土料理を学ぶ。店名のイレーネは、バレンシア地方出身の夫人の名前である。スペインの食材と日本の旬の食材と使った滋味深い料理がそろう中、豆料理は冬に登場することが多い。共著に『スペイン料理の本格調理技術』(旭屋出版)。

東京都中野区新井1-2-12
☎ 03-3388-6206
https://www.facebook.com/restaurante.irene/

 ポルトガル
p.126 〜 136

ポルトガル料理＆ワインバー
クリスチアノ
Cristiano's

佐藤幸二 さとう・こうじ

「ポルトガル料理とワイン」がテーマの人気店。豆料理の比率は高い。オーナーシェフの佐藤氏は、20歳で渡欧。イタリア、フランス、イギリス各地のレストランで働いた後、タイを経て帰国。レストラン事業会社で数々の店舗の運営に関わった後、2010年に同店を開業。13年にはエッグタルト専門店「ナタ・デ・クリスチアノ」、14年には魚介料理専門店「マル・デ・クリスチアノ」、16年4月にはタパスバル「バレンシアナ バル ブリーチョ」を開店。

東京都渋谷区富ヶ谷 1-51-10
☎ 03-5790-0909
http://www.cristianos.jp

 イタリア
p.138 〜 155

インカント
Incant

小池教之 こいけ・のりゆき

イタリア全20州の郷土料理とワインが揃うイタリア料理店。シェフの小池氏は「ラ・コメータ」「パルテノペ」などで伝統料理に造詣の深いシェフに師事した後、2003年に渡伊。イタリア各地で修行し、全州の伝統料理を学ぶ。06年に帰国後、「インカント」オーナーソムリエの竹石航氏と出会い、翌年のオープン時からシェフに就任。10年にわたりイタリア各地の郷土料理を提供。18年2月に独立し、「オステリア・デッロ・スクード」を開店。

東京都港区南麻布 4-12-2
ピュアーレ広尾 2 階
☎ 03-3473-0567
http://incanto.jp

フランス
p.160〜168

コム・ア・ラ・メゾン
Comme a la Maison

涌井勇二 わくい・ゆうじ

フランス南西部の郷土料理を忠実に伝えるビストロ。オーナーシェフの涌井氏は、東京での修行後に渡仏。パリの「ジャック・カーニャ」などを経て、フランス南西部ランド地方で師と仰ぐシェフ、ミッシェル・キャレール氏に出会い、氏のスペシャリテの「スープ・ド・ガルビュール」を日本に伝えようと決意する。帰国後、「ラ・キュイジーヌ」のシェフを経て、01年に当店をオープン。開店以来同じメニューを貫く徹底ぶりに心酔する常連客は多い。

東京都港区赤坂 6-4-15
☎ 03-3505-3345

フランス
p.170〜173

ラ ピッチョリー ドゥ ルル
La Pitchouli de Loulou

野沢健太郎 のざわ・けんたろう

「銀座シェ・トモ」のオーナーシェフ市川知志氏が、フランス修行時代に各地で出合った郷土料理を紹介するお店として2005年にオープンした、隠れ家的なビストロ。定番メニューには「ブーダンノワール」「アンドゥイエット」「カスレ」などが並ぶ。オープン時から同店で料理を担当する野沢氏は、11年に料理長に就任。フランスの田舎風の落ち着いた雰囲気の中、手間をかけた郷土料理を堪能できる。

※現在は閉店

ハンガリー
p.174〜183

ハンガリーワインダイニング
アズ・フィノム
Az Finom

ジュリナ・ジョルジュ

日本で唯一ハンガリー人シェフが作る、本格的なハンガリーレストラン。落ち着いた空間で名窯「Zsolnay」の磁器で料理を楽しめる。ハンガリーの伝統楽器「ツィンバロム」の定期演奏会などハンガリー文化を紹介するイベントも積極的に行う。シェフのジュリナ氏はハンガリー・ブタペスト出身。料理学校卒業後、ドイツとスペインのレストラン、ハンガリーの高級ホテル Danubius Hotel、高級レストラン Boom & Brass を経て14年に来日し、同店のシェフに就任。

東京都渋谷区神宮前2-19-5
AZUMAビル地下1階
☎ 03-5913-8073
http://zsolnay.az-group.net

インド
 p.186〜193、p.186

ヴェヌス サウス インディアン ダイニング
Venu's South Indian Dining

ヴェヌゴパール・
ゴパラクリシュナン

オープンキッチンのカジュアルな空間で本格的な南インド料理を楽しめる。オーナーシェフのヴェヌゴパール氏は、南インド、チェンナイの出身。チェンナイの最高級ホテル「タージーコロマンデル」の「サザンスパイスキッチン」でシェフを務めた後、2000年に来日。「アジャンタ」で4年、「ダーマサーガラ」で7年シェフを務めた。いったん帰国後再来日し、15年に当店を開く。シェフの料理を待ち望んでいたファンは多く、人気店となっている。

東京都墨田区錦糸2-6-11
☎ 03-6284-1711
https://www.facebook.com/venusdining/

 ミャンマー
p.198～205

ミャンマーアジアレストラン
ゴールデン バガン
Golden Bagan

サイ・アゥン・ミョー・ミィン

北シャン州出身のサイさん夫婦が営む、ミャンマーアジアレストラン。サイさんは1991年に来日、日本料理店勤務などを経て、2015年1月にミャンマー・シャン料理を紹介したいと当店をオープンした。南と東シャン州はタイ料理の影響で辛い料理が多いが、雲南省寄りの北シャン州は中国料理に近い穏やかな味だ。夫のサイさんが料理を、夫人のナン・カン・モ・トゥンさん（通称モモさん）が接客を担当。日本語が堪能なモモさんと話し込む常連客も多い。

東京都新宿区富久町8-20
☎ 03-6380-5752
https://goldenbagan.jp/

 中国
p.208～216、p.219

中華香彩JASMINE
中目黒店（憶江南）
JASMINE Yi Jiangnan

山口祐介 やまぐち・ゆうすけ

中国料理の伝統をふまえながら現代的な感覚を取り入れた料理で人気の「中華香彩JASMINE」。JASMINE3店の総料理長を務める山口シェフは、都内の料理店やホテルなどで修業の傍ら中国語を習得し、香港、上海、杭州、北京のホテル、専門店で研修を積み、2011年より現職。ここ数年は日本でまだなじみの薄い江南地方（水の都と称される揚子江下流）の郷土料理に惹かれ、年に数回は現地を訪れ研究を重ねている。

東京都目黒区東山1-22-3
☎ 03-6303-1927
http://nakameguro.jasmine310.com

執筆者プロフィール

🌱 メキシコ現地取材レポート
長谷川律佳
会社員時々フリーライター。メキシコ唯一の月刊日本語フリーペーパーの編集長を経て、現在はフリーで活動中。子育てと会社員の傍ら、日本における「タコスとサボテン」一辺倒のメキシコイメージを変えるべく、草の根活動中。2010年のメキシコ移住以降、『月刊ハーレクインオリジナル』誌にて「黄色い太陽の国で」エッセイ連載中。
Twitter　@mariposaritsuka

🌱 インド現地取材レポート
金子ひとみ
主婦。大学卒業後、ＮＨＫの記者として北海道と東京で8年間勤務。2014年、夫のインド赴任を機に退職し、デリーで暮らし始める。ヨガとインド料理の食べ歩きが趣味。「地球の歩き方」ウェブサイト内でインド情報を発信中。
地球の歩き方インド／デリー特派員ブログ
http://tokuhain.arukikata.co.jp/delhi/

🌱 イタリア現地取材レポート
池田愛美
出版社勤務を経て1998年イタリアに渡る。旅と料理のビジュアル・ノンフィクションの分野で執筆活動に従事。池田匡克との共著で『シチリア美食の王国へ』(東京書籍)『サルデーニャ！』(講談社)『フィレンツェ美食散歩』『ローマ美食散歩』(以上ダイヤモンド・ビッグ社)『Dolce!イタリアの郷土菓子』『完全版イタリア料理手帖』(以上世界文化社)など。
WEBマガジン「サポリタSAPORITA」
saporitaweb.com
主宰サイト　office-rotonda.jp

🌱 ミャンマー現地取材レポート
板坂真季
京都大学大学院で文化人類学を修了。日本でのライター業を経て、80カ国近くを旅した後、西アフリカのブルキナファソ、中国の蘇州・上海、ベトナムのハノイなどに在住。現地情報誌の編集を務めるかたわら、日本の各種メディアへの寄稿や取材コーディネートに従事する。2014年からミャンマーのヤンゴンに在住。得意分野は文化・料理・経済など。
https://www.facebook.com/people/Maki-Itasaka/100008769799446

● 絵画クレジット
p.7　"Mangiafagioli" by Annibale Carracci

● 古文書クレジット
p.7　"The Herball or Generall Historie of Plantes "(1597) by John Gerarde
http://www.biolib.de/よりGNU Free Documentation Licenseに基づき使用

● creative commonsクレジット
マークの画像は、CC-BYライセンスによって使用を許諾されているものです。
ライセンスの内容を知りたい方は下記サイトを参照ください。
https://creativecommons.jp/

p.4　Dia da Baiana de Acarajé　by Fotos GOVBA
　　https://www.flickr.com/photos/agecombahia/6400905175/
p.6　Piazza San Pietro in Vaticano.　by Wknight94
　　https://commons.wikimedia.org/wiki/File:St._Peter%27s_Square_3.jpg
p.8　Arachis hypogaea, Fabaceae, Peanut, Groundnut, growing fruit stalk; Botanical Garden KIT, Karlsruhe, Germany. The dried fruits are used in homeopathy as remedy: Arachis hypogaea (Ara-h.)　by H. Zell(部分)
　　https://en.wikipedia.org/wiki/Peanut#/media/File:Arachis_hypogaea_006.JPG
p.26　Hummus and pita chips for an appetizer　by Dion Hinchcliffe
　　https://www.flickr.com/photos/dionhinchcliffe/3853533937/
　　L'As du Falafel　by Andrea Schaffer
　　https://www.flickr.com/photos/aschaf/4947566073/in/photostream/
p.68　The 'fool' cook　by David Lisbona
　　https://www.flickr.com/photos/dlisbona/379337001/
　　Fuul　by David Stanley
　　https://www.flickr.com/photos/davidstanleytravel/8578194078/
　　bean market15_lo　by CIAT (International Center for Tropical Agriculture)
　　https://www.flickr.com/photos/ciat/4105131325/
p.79　100905 TPZ Día nublado　by Roberto Robles(部分)
　　https://www.flickr.com/photos/roblesr/4988516041/
p.91　Flor de tarwi　by Elmer Rivera Godoy
　　https://www.flickr.com/photos/danceelmer/19096075773/

　　Christmas variety of Lima Beans (Phaseolus lunatus).　by Leoadec
　　https://commons.wikimedia.org/wiki/File:Xmas_lima_beans.jpeg
p.99　Baiana vendendo acarajé nas ruas de Salvador.　by Rodrigues Pozzebom - Agência Brasil
　　https://pt.wikipedia.org/wiki/Acaraj%C3%A9#/media/File:Baiana-acaraj%C3%A9-Salvador.jpg
　　Feijoada complete　by Andre S. Ribeiro
　　https://www.flickr.com/photos/albumdobruto/5304721668/
　　Dia da Baiana de Acarajé　by Fotos GOVBA
　　https://www.flickr.com/photos/agecombahia/6400904811/in/photostream/
p.109　Boston baked beans　by Marcelo Träsel
　　https://www.flickr.com/photos/trasel/3648763918/
　　Boston Baked Beans Peanut Head Candy 2014　by Mike Mozart(部分)
　　https://www.flickr.com/photos/jeepersmedia/12461262355/
　　Bowl of Chili con Carne, made of ground pork, cubed beef, beans, tomatoes and hot peppers. Decorated with two Tortilla chips.　by Carstor
　　https://ja.wikipedia.org/wiki/%E3%83%81%E3%83%AA%E3%82%B3%E3%83%B3%E3%82%AB%E3%83%BC%E3%83%B3#/media/File:Bowl_of_chili.jpg
　　US Senate Bean Soup　by jsnsndr
　　https://www.flickr.com/photos/poopface/2948467000/
p.137　King and bean from inside a Spanish Rosca de Reyes.　by Fungus b-commonswiki
　　https://en.wikipedia.org/wiki/Rosca_de_reyes#/media/File:King_and_Bean.jpg
　　Bolo Rei of Portugal.　by José Conçalves
　　https://en.wikipedia.org/wiki/King_cake#/media/File:Bolo_Rei_-_Natal.JPG
　　記念碑西側　by Plenumchamber
　　https://ja.wikipedia.org/wiki/発見のモニュメント#/media/File:Padrão_dos_Descobrimentos2.jpg
p.169　Garburade à Oloron-Sainte-Marie, Les Marmitous deu Balang by Jean Michel Etchecolonea — œuvre personnelle.
　　https://fr.wikipedia.org/wiki/Garbure#/media/File:Garburade_003.JPG
　　Garburade à Oloron-Sainte-Marie, Les Jinettes　by Jean Michel Etchecolonea — œuvre personnelle.
　　https://fr.wikipedia.org/wiki/Garbure#/media/File:Garburade_008.JPG
　　Bowl of cassoulet　by BrokenSphere
　　https://en.wikipedia.org/wiki/Cassoulet#/media/File:Bowl_of_cassoulet.JPG

▶ファラフェルin TOKYO（p27）取材協力店

アドニス トーキョー
東京都千代田区神田駿河台1-8-5
☎ 03-5577-6698
https://adonys-tokyo.com

クンバ・ドゥ・ファラフェル
東京都渋谷区神泉町23-1 MEビル1階
☎ 03-6416-8396
http://kuumbainternational.com/kuumbashop/KUUMBA/LOCATION.html

⋯⋯⋯⋯⋯⋯⋯⋯⋯⋯⋯⋯⋯⋯⋯⋯⋯⋯⋯⋯⋯⋯⋯⋯⋯⋯⋯⋯⋯⋯⋯⋯⋯⋯⋯

● 手に入りにくい食材の取り扱い店

● ペルー食材、ブラジル食材
キョウダイマーケット
東京都品川区東五反田1-13-12 COI五反田ビル6階
☎ 03-3280-1035

● アフリカ食材
GREEN NASCO
新宿区百人町2-10-8
☎ 03-5337-1477　Fax. 03-5337-2183

The JANNAT HALAL FOOD TOKYO
新宿区百人町2-9-1-102
☎ 03-3366-6680　Fax.03-3366-6681

Malaika African Exotic Store
新宿区百人町1-4-19 第二サタケビル2階
☎ 03-6457-6368（不定休のため事前に電話することをおすすめします。）

● ミャンマー
フジストア
新宿区高田馬場2-19-7 タックイレブン
☎ 03-3200-8480

レシピ提供：

p.222 ～ 223　「あずき粥」「きんとん」「いとこ煮」
出典：豆類協会（http://www.mame.or.jp/index.html）豆クッキング

p.223　「打ち豆汁」出典：農林水産省ホームページ（http://www.maff.go.jp/j/syokuiku/kodomo_navi/cuisine/cuisine3_3.html）
のレシピに作り方を加筆

索引

- 料理の種類、使用する豆の種類、豆と一緒に組み合わせる食材で分類しています。使用する豆は50音順に配列しています。
- いんげん豆が複数種類ある項目は、いんげん豆でくくって分類し、白色系、着色系（普班種・偏班種）、着色系（単色種）（p.10参照）の順に配列しています。
- 数種類の豆を使う場合は、一番分量を多く使う豆のところに分類しています。
- ベジタリアンのために、肉の使用・不使用でも分けています。
- コラム内のレシピのない料理については含みません。

サラダ

肉不使用

金時豆
　パラディチョムシュ・バブ・シャラータ／
　　金時豆のトマト味サラダ（ハンガリー）　176

黒目豆
　ブラックアイド・ピー・サラダ／
　　セネガル風黒目豆のサラダ（西・中部アフリカ）　59
　テキサス・キャビア／黒目豆のマリネサラダ（アメリカ合衆国）　104

そら豆
　サラタ・フール・ビザイト・ザイトーン／
　　そら豆のオリーブ油仕立て（レバノン）　21

そら豆、大豆、ひよこ豆など
　ラペットッ／揚げ豆とお茶の葉のサラダ（ミャンマー）　200

ひよこ豆
　シャラダ・ディアル・ホンモス／ひよこ豆のサラダ（モロッコ）　51
　ペーピョット／ひよこ豆のサラダ（ミャンマー）　199

レンズ豆
　エチェテシュ・レンチェ・シャラータ／
　　レンズ豆のサラダ（ハンガリー）　175

魚介と

青えんどう
　サラダ・デ・エルピーニャ・コン・タロ・エ・カラパウ／
　　青えんどうとさといもとあじのサラダ（ポルトガル）　133

白いんげん豆
　エンサラダ・デ・フディアス・ブランカス／
　　白いんげん豆とツナのサラダ（スペイン）　113

黒目豆
　サラダ・デ・フェイジョン・フラージ・コン・アトゥン／
　　黒目豆とツナのサラダ（ポルトガル）　127

ひよこ豆
　サラダ・デ・グラオン・デ・ピコ・コン・バカリャウ／
　　ひよこ豆と干しだらのサラダ（ポルトガル）　128

レンズ豆
　サラダ・デ・レンティーリャ・コン・パテ・デ・サルディーニャ／
　　レンズ豆のサラダといわしのパテ（ポルトガル）　132

肉使用

白いんげん豆
　サラド・ド・アリコ・ココ・ブラン／
　　白いんげん豆のサラダ（フランス）　161

レンズ豆
　サラド・ド・ランティーユ／レンズ豆のサラダ（フランス）　168

前菜

肉不使用

いんげん豆

うずら豆
　バルブンヤ・ピラキ／
　　いんげん豆と野菜のサラダ風煮込み（トルコ）　30

キドニービーンズ、青えんどう
　アフリカン・ベジローフ／
　　赤いんげん豆と青えんどうと野菜のパテ（西・中部アフリカ）　62

黒目豆
　モイモイ／黒目豆の蒸し物（西・中部アフリカ）　60

大豆
　セビーチェ・デ・チョチョス／大豆のセビーチェ（ペルー）　90

落花生
　香糟花生／落花生の紹興酒粕漬け（中国）　209

レンズ豆
　メルジメッキ・キョフテ／レンズ豆の団子（トルコ）　31

肉使用

白いんげん豆
　テリーヌ・ド・アリコ・ブラン・エ・テット・ド・コション／
　　白いんげん豆と豚の頭のテリーヌ（フランス）　162

豆のペースト、ピューレ

そら豆
　フル・ミダムス／そら豆の煮込み（エジプト）　46
　プレ・ディ・ファーヴェ・エ・チコリエッラ／
　　そら豆のピューレと野草のソテー（イタリア）　144

ひよこ豆
　ホンモス／ひよこ豆のペースト（レバノン）　22

肉・魚介の付け合せ

魚介と

グリーンスプリットピー
　ペスカド・フリート・コン・アルヴェルヒータ／
　　グリーンスプリットピーの煮込みとさばフライ（ペルー）　84

肉と

いんげん豆

うずら豆
　カルネ・サラーダ・レッサ・コン・ボルロッティ／うずら豆を添えた
　　トレンティーノ風仔牛の塩漬けの温製（イタリア）　139

大豆
　五香黄豆／大豆の広東風甘露煮（中国）　212

レンズ豆
　プティサレ・パレ・オゥ・ランティーユ／
　　豚肉の香草パン粉付け焼き レンズ豆添え（フランス）　173

汁物、スープ
肉不使用
いんげん豆
白いんげん豆
　タンザニアン・シチュー／白いんげん豆と野菜の
　　ココナッツ風味シチュー（西・中部アフリカ）　61
　スープ・オ・ピストゥ／
　　白いんげん豆と野菜とスープ バジルソース添え（フランス）　172
うずら豆
　マデス／いんげん豆のトマトシチュー（西・中部アフリカ）　65
黄えんどう（イエロースプリットピー）
　シャールガボロショ・フーゼレーク／
　　黄えんどうのスープ（ハンガリー）　177

大豆（打ち豆）
　打ち豆汁（日本）　223

レンズ豆
　メルジメッキ・チョルバス／レンズ豆のスープ（トルコ）　29
　ショルバ・アダス／レンズ豆のスープ（エジプト）　45

肉使用
いんげん豆
白いんげん豆
　スープ・ド・ガルビュール／
　　白いんげん豆ときゃべつと生ハムのスープ（フランス）　166
　カーポスタシュ・バブ／
　　白いんげん豆とザワークラウトのスープ（ハンガリー）　182
虎豆
　ヨーカイ・バブレヴェシュ／
　　ヨーカイ いんげん豆のスープ（ハンガリー）　178
　バブレヴェシュ／いんげん豆とにんじんのスープ（ハンガリー）　180

花豆
　メネストロン／花豆と野菜の具だくさんのスープ（ペルー）　88

ひよこ豆、うずら豆、白いんげん豆
　アーブグーシュト／ひよこ豆と羊肉のスープ（イラン）　40

レンズ豆
　レンチェ・レヴェシュ・コルバーサル／
　　レンズ豆とウインナーソーセージのスープ（ハンガリー）　181
　レンチェ・フーゼレーク／
　　正月に食べる レンズ豆のスープ（ハンガリー）　184

レンズ豆、ひよこ豆
　ハリラ／レンズ豆とひよこ豆のトマト味のスープ（モロッコ）　52

煮物、煮込み、シチュー
肉不使用
あずき
　いとこ煮（日本）　223

イエロームングダール（皮なし緑豆・半割り）
　ダル・タルカ／イエロームングダールのカレー（インド）　191

いんげん豆
白いんげん豆
　リボッリータ／
　　白いんげん豆、野菜、パンのトスカーナ風ズッパ（イタリア）　140
大福豆（白いんげん豆）
　豆きんとん（日本）　222
うずら豆
　チャカ・マデス／
　　いんげん豆とキャッサバの葉の煮込み（西・中部アフリカ）　66
カリオカ豆
　フェイジョン／いんげん豆の煮込み（ブラジル）　93
キドニービーンズ
　ビトト／赤いんげん豆とさつまいもと青バナナの煮込み
　　（西・中部アフリカ）　67
金時豆、黒目豆
　ベジタリアン・チリ／
　　金時豆と黒目豆と野菜のチリ（アメリカ合衆国）　102
白いんげん豆、うずら豆、ひよこ豆、レンズ豆（同量ずつ使用）
　ミッレコセッデ／
　　カラブリア風いろいろな豆のミネストローネ（イタリア）　142

黒豆
　フリホレス・コン・ケリーテ／
　　ベラクルース風黒豆の煮込み（メキシコ）　78

花豆
　ロクロ・デ・サパージョ／花豆とかぼちゃの煮込み（ペルー）　86

ひよこ豆
　エスピナーカス・コン・ガルバンソ／
　　ほうれん草とひよこ豆の炒め煮（スペイン）　123
　チャナマサラ／ひよこ豆のカレー（インド）　192

魚介と
いんげん豆
　ベルディーニャス・コン・マリスコス／
　　いんげん豆と魚介の煮込み（スペイン）　118

肉使用
いんげん豆
白いんげん豆
　ルビア・マア・メルゲーズ／
　　白いんげん豆と羊肉のソーセージの煮込み（モロッコ）　54
　ホワイト・チリ／白いんげん豆とじゃがいもの白いチリ　107
　ファバーダ・アストゥリアーナ／
　　アストゥリア風いんげん豆と豚肉の煮込み（スペイン）　114
　フェイジョアーダ・デ・フェイジョン・ブランコ・コン・セメン・デ・
　　バカリャウ／白いんげん豆と白子の煮込み（ポルトガル）　136
　アリコ・ド・ムトン／白いんげん豆と羊肉の煮込み（フランス）　164
　カスレ／白いんげん豆と肉の煮込み（フランス）　170

うずら豆
  ファスーリア・ビル・ラフメ／
    いんげん豆と羊肉の煮込み（レバノン）　24
  フリホレス・マネアドス／
    チーズ入りいんげん豆の煮込み（メキシコ）　73
  フリホレス・ボラーチョス／
    いんげん豆と豚肉のビール煮込み（メキシコ）　74
  ビーフ・チリ／いんげん豆と牛肉のチリ（アメリカ合衆国）　101
  トリッパ・ア・モーダ・ド・ポルト／
    ポルト風いんげん豆ともつの煮込み（ポルトガル）　129
  ソパ・コアーダ・ディ・トリッパ・アッラ・トレヴィジャーナ／
    トリッパ、ラディッキョ、うずら豆、パン、チーズのトレヴィーゾ風
    オーブン焼き（イタリア）　154

カリオカ豆
  フェイジョン・トロペイロ／
    いんげん豆と豚肉ソーセージの煮込み（ブラジル）　98

金時豆
  ゴルメサブジ／赤いんげん豆と羊肉のハーブシチュー（イラン）　35

黒いんげん豆
  フェイジョアーダ／黒いんげん豆と肉の煮込み（ブラジル）　94

黒目豆
  コズィード・デ・モルセイラ・コン・フェイジョン・フラジーニョ／
    黒目豆とブラッドソーセージの煮込み（ポルトガル）　134

そら豆
  ミチロネス／ムルシア風そら豆と豚肉の煮込み（スペイン）　115
  カルネ・デ・ポルコ・ア・アレンテージョ／
    アレンテージョ風そら豆と豚肉と魚介炒め（ポルトガル）　130

ひよこ豆
  タブクル・ノフト／ひよこ豆と鶏肉の煮込み（トルコ）　32
  ホンモス・マア・ジャージ／
    ひよこ豆と手羽中の煮込み（モロッコ）　55
  ペピアン・デ・ガルバンソ／
    ひよこ豆と豚肉のシチュー（ペルー）　87
  カジョス・ア・ラ・マドリレーニャ／
    ひよこ豆と牛の胃袋のマドリッド風煮込み（スペイン）　116
  コシード・マドリレーニョ／
    マドリード風ひよこ豆と肉と野菜の煮込み（スペイン）　124

紫花豆
  ベイクド・ビーンズ／
    紫花豆のベイクド・ビーンズ（アメリカ合衆国）　106

レンズ豆
  アディス・マア・ケフタ／
    レンズ豆とミートボールの煮込み（モロッコ）　53
  レンテハス・コン・フルタス／
    オアハカ風レンズ豆の煮込み（メキシコ）　71
  レンテハス・コン・チョリソ／
    レンズ豆とチョリソの煮込み（スペイン）　122
  コテキーノ・エ・レンティッキエ／
    コテキーノとレンズ豆の煮込み（イタリア）　155

揚げ物
肉不使用
黒目豆
  アカラ／黒目豆のフリッター（西・中部アフリカ）　64
  アカラジェ／
    黒目豆のフリッターの干しえびのペーストサンド（ブラジル）　96

そら豆
  ターメイヤ／そら豆のコロッケ（エジプト）　47

ひよこ豆
  ファラフェル（中東）　26

肉使用
チャナダール
  シャーミー・ラッペ／チャナダールのコロッケ（イラン）　36

豆粉を使った料理
肉不使用
ケツルアズキ
  ワダ／豆粉のドーナツ（インド）　187
  イドリー／豆粉と米粉の蒸しパン（インド）　189
  ドーサ／豆粉と米粉のクレープ（インド）　190

ひよこ豆粉
  トルティジャ・デ・カマロネス／
    小えびのひよこ豆粉かき揚げ（スペイン）　119
  ファリナータ・エ・パネッレ／
    ひよこ豆の窯焼きとひよこ豆粉のフリット（イタリア）　153
  ミックス・バジ／ひよこ豆粉の野菜のフリッター（インド）　188
  トフー・ジョー／ひよこ豆豆腐の揚げ物（ミャンマー）　204

肉使用
ひよこ豆粉
  オンノカオスエー／ココナッツラーメン（ミャンマー）　203

大豆加工品を使った料理
押し豆腐
  揚州燙干絲／細切り押し豆腐の湯引き 揚州風（中国）　213

豆腐（絹）
  蟹粉豆腐／豆腐と上海蟹みその白湯煮込み（中国）　214

湯葉
  素火腿／湯葉の精進ハム（中国）　210

米料理
肉不使用
あずき
  あずき粥（日本）　212

いんげん豆　カナリオ豆
  タクタク／豆とごはんのお焼き（ペルー）　83

ひよこ豆
  ペー・ピョッ・タミンジョー／ひよこ豆チャーハン（ミャンマー）　202

レンズ豆、ひよこ豆
  クシャリ／レンズ豆とひよこ豆とごはんとパスタの炒め合わせ
    （エジプト）　48

肉使用
うずら豆
  パニッサ／うずら豆とラード漬けのサラミのヴェルチェッリ風リゾット

（イタリア）152

黒目豆
　ホッピンジョン／黒目豆の炊き込みごはん（アメリカ合衆国）103

ひよこ豆
　パエジャ・バレンシアーナ／
　　バレンシア風豆とうさぎ肉のパエジャ（スペイン）120

緑豆
　アッシュ・マッシュ／緑豆のぞうすい（イラン）38

レンズ豆
　アダスポロ／レンズ豆ごはん（イラン）39

パスタ・麺・トルティーヤなど

肉不使用
そら豆
　トラコヨス／青いとうもろこし粉のトルティーヤ そら豆のペースト包み
　　（メキシコ）76

ひよこ豆、金時豆、レンズ豆
　アッシュ・レシテ／豆と野菜の煮込みうどん（イラン）42

魚介と
白いんげん豆
　カヴァテッリ・アイ・フルッティ・ディ・マーレ・コン・ファジョーリ／
　　白いんげん豆と海の幸を合わせたカヴァテッリ（イタリア）145

ひよこ豆
　チーチェリ・エ・トゥリエ・コン・バッカラ／ひよこ豆とトゥリエの
　　ズッパ バッカラ添え（イタリア）146

肉使用
いんげん豆
白いんげん豆
　パスタ・エ・ファジョーリ・コン・アニェッロ／白いんげん豆といろ
　　いろなパスタと仔羊肉のミネストラ（イタリア）150

うずら豆
　イオータ／うずら豆とかぶの漬物のフリウリ風ミネストラ（イタリア）148
　ピサレイ・エ・ファゾ／うずら豆とピアチェンツァ風パン粉のニョッキ
　　のトマトソース煮込み（イタリア）149

黒豆
　エンフリホラーダス／トルティーヤの黒豆ソースがけ（メキシコ）72

ひよこ豆
　クスクス・ベル・ホンモス・マア・ホドラ／牛肉とひよこ豆と野菜の
　　クスクス（モロッコ）56

スイーツ

ケツルアズキ
　スィヨン／豆粉の衣付き豆粉のドーナツ（インド）218

白えんどう
　京城豌豆黄／えんどう豆の羊羹（中国）219

ひよこ豆
　フレホル コラーダ／豆のムース（ペルー）218

緑豆
　薏米緑豆湯／緑豆のお汁粉（中国）219

🫘 主な参考文献

『お豆なんでも図鑑』（監修：石谷孝佑）ポプラ社
『フランス食の事典』（日仏料理協会）白水社
『世界を変えた野菜読本』（シルヴィア・ジョンソン、金原瑞人）晶文社
『ニンジンでトロイア戦争に勝つ方法 上・下』
　（レベッカ・ラップ、緒川久美子訳）原書房
『コロンブスの贈り物』（服部幸應）PHP研究所
『ものと人間の文化史174 豆』（前田和美）法政大学出版局
『Beans! はじめてでも簡単 豆の鉢植え』（御蔵多公子）小学館
『新豆類百科』公益財団法人日本豆類協会
「Beans in the World 世界の豆料理いろいろ」公益財団法人日本豆類協会
『料理通信』2011年10月号　料理通信社
『絵本世界の食事7 ブラジルのごはん』（銀城康子、萩原亜紀子）農文協
『世界の食文化13　中南米』（山本紀夫）農文協
『世界を食べよう！　東京外国語大学の世界料理』
　（沼野恭子）東京外国語大学出版会
『ちょいラテンごはん―手軽で陽気なレシピ』（荒井隆宏）イマージュ
『荒井商店 荒井隆宏のペルー料理』（荒井隆宏）柴田書店

『アメリカン・アペタイザー』（アンダーソン夏代）アノニマ・スタジオ
『世界の食文化12　アメリカ』（本間千枝子・有賀夏紀）農文協
『クックブックに見るアメリカ食の謎』（東理夫）東京創元社
『食べるアメリカ』（平松由美）駿々堂出版『ビーン・ブック』
　（パトリシア・グレゴリー、新井雅代訳）朝日新聞社
『スペイン料理の本格調理技術』旭屋出版
『スペインの竈から』（渡辺万里）現代書館
『世界の食文化14　スペイン』（立石博高）農文協
『個性派ビストロの魚介料理』
　（佐藤幸二、山田武志、掛川哲司）柴田書店
『絵本世界の食事16 ポルトガルのごはん』
　（銀城康子、萩原亜紀子）農文協
『世界の食文化15　イタリア』（池上俊一）農文協
『イタリアの地方料理』柴田書店
『基礎から学ぶフランス地方料理』（ル・コルドン・ブルー）柴田書店
『ku:nel』No.35（2008年11月20日）マガジンハウス
『バスク料理大全』（作元慎哉、和田直己）誠文堂新光社

Staff

料理、店内撮影　菅原史子
装丁・デザイン　森 裕昌（森デザイン室）
企画・編集　矢口晴美

協力
公益財団法人日本豆類協会 http://www.mame.or.jp

写真協力
荒井隆宏（ペルー）、黒澤修二（ブラジル）、山口祐介（中国）

Special Thanks
前田はづき（日本の豆料理再現）

中東、アフリカ、米大陸、ヨーロッパ、アジアの郷土色あふれる120のレシピ

世界の豆料理

2016年10月17日　発行　　　　　　　　　　　　　　　NDC596
2023年 4 月 3 日　第 2 刷

編　者	誠文堂新光社
発行者	小川雄一
発行所	株式会社 誠文堂新光社
	〒113-0033　東京都文京区本郷3-3-11
	電話03-5800-5780
	https://www.seibundo-shinkosha.net/
印刷・製本	図書印刷 株式会社

© 2016, Seibundo Shinkosha Publishing Co.,Ltd.

Printed in Japan
検印省略
禁・無断転載

落丁・乱丁本はお取り替え致します。

本書のコピー、スキャン、デジタル化等の無断複製は、著作権法上での例外を除き、禁じられています。
本書を代行業者等の第三者に依頼してスキャンやデジタル化することは、たとえ個人や家庭内での利用であっても著作権法上認められません。

JCOPY <（一社）出版者著作権管理機構　委託出版物>
本書を無断で複製複写（コピー）することは、著作権法上での例外を除き、禁じられています。本書をコピーされる場合は、そのつど事前に、（一社）出版者著作権管理機構（電話 03-5244-5088／FAX 03-5244-5089／e-mail：info@jcopy.or.jp）の許諾を得てください。

ISBN978-4-416-61638-3